中等职业学校教育创新规划教材
新型职业农民中职教育规划教材

农产品质量安全概论

赵晨霞　王桂桢　主编

中国农业大学出版社
·北京·

内容简介

本教材共分三大模块内含7个项目，其中模块一，农产品质量安全概述，包括是农产品质量安全概述1个项目；模块二，农产品质量安全法律法规与标准体系，包括农产品质量安全法律法规与农产品质量安全标准体系的建立2个项目；模块三，优质农产品生产，包括无公害农产品生产、绿色农产品生产、有机农产品生产和地理标志农产品生产4个项目。每个项目先确定学习目标，对本项目的学习任务概述，勾画思维导图，再学习性工作任务引入，后分解为若干个学习性工作任务，每个工作任务由学习准备、项目设计与实施、学习拓展、评价反馈等环节完成。

图书在版编目(CIP)数据

农产品质量安全概论/赵晨霞，王桂桢主编. —北京：中国农业大学出版社，2015.8(2024.11重印)

ISBN 978-7-5655-1331-2

Ⅰ.①农… Ⅱ.①赵…②王… Ⅲ.①农产品-质量管理-安全管理-教材 Ⅳ.①F326.5

中国版本图书馆CIP数据核字(2015)第160266号

书　　名 农产品质量安全概论
作　　者 赵晨霞　王桂桢　主编

策划编辑 张　蕊　张　玉　　**责任编辑** 张　蕊
封面设计 郑　川　　**责任校对** 王晓凤
出版发行 中国农业大学出版社
社　　址 北京市海淀区圆明园西路2号　　**邮政编码** 100193
电　　话 发行部 010-62818525，8625　　读者服务部 010-62732336
编辑部 010-62732617，2618　　出　版　部 010-62733440
网　　址 http://www.cau.edu.cn/caup　　**E-mail** cbsszs@cau.edu.cn
经　　销 新华书店
印　　刷 涿州市星河印刷有限公司
版　　次 2015年8月第1版　2024年11月第6次印刷
规　　格 787×1 092　16开本　12.5印张　230千字
定　　价 36.00元

图书如有质量问题本社发行部负责调换

中等职业学校教育及新型职业农民
中职教育教材编审委员会名单

编审人员

主　编　赵晨霞　北京农业职业学院教授

　　　　王桂桢　南阳农业职业学院高级讲师

副主编　柳　青　北京农业职业学院副教授

　　　　何　璞　南阳农业职业学院讲师

参　编　韦语丹　柳州畜牧兽医学校讲师

　　　　蒋福勇　广西桂林农业学校讲师

主　审　马俊哲　纪绍勤　陈肖安

编写说明

积极开展与创新中等职业学校教育与新型职业农民中职教育，提高现代农业与社会主义新农村建设一线中等应用型职业人才及新型职业农民的综合素质、专业能力，是发展现代农业和建设社会主义新农村的重要举措。为贯彻落实中央的战略部署及全国职业教育工作会议精神，特根据《教育部关于"十二五"职业教育教材建设的若干意见》《中等职业学校新型职业农民培养方案(试行)》和《中等职业学校专业教学标准(试行)》等文件精神，紧紧围绕培养生产、服务、管理第一线需要的中等应用型职业人才及新型职业农民，并遵循中等农业职业教育与新型职业农民中职教育的基本特点和规律，编写了《农产品质量安全概论》教材。

《农产品质量安全概论》是种植、养殖、农机装备与应用技术、农业经济管理四大类专业公共课教材之一。该教材构思新颖，内容丰富，结构合理，以行动导向的教学模式为依据，以学习性工作任务实施为主线，物化了本门课程历年来相关职业院校教育教学改革中所取得的成果，并统筹兼顾中等职业学校教育及新型职业农民中职教育的学习特点。

该教材重点介绍农产品质量安全概述，包括农产品质量安全，农产品质量安全法律法规与标准体系优质安全农产品生产体系等，通俗易懂，具有很强的针对性和实用性。本教材根据项目驱动式教学的需要，以引导学生主动学习为目的，进行体例架构设计，以适应中等农业职业教育和新型职业农民中职教育创新和改革的需要。本教材内容深入浅出、通俗易懂，具有很强的针对性和实用性，是中等农业职业教育及新型职业农民中职教育的专用教材，也可作为现代青年农场主的培育教材、还可作为相关专业人员作为参考用书使用。

本教材由北京农业职业学院赵晨霞教授、南阳农业职业学院王桂桢高级讲师担任主编；北京农业职业学院柳青副教授、南阳农业职业学院何璞讲师担任副主编；柳州畜牧兽医学校韦语丹讲师、广西桂林农业学校蒋福勇讲师参编。北京农业职业学院马俊哲教授、农业部科技教育司纪绍勤处长和原农业部农民科技教育培训中心陈肖安同志对教材内容进行了最终审定，在此一并表示感谢。

由于编者水平有限，加之时间仓促，教材中存在着不同程度和不同形式的错误和不妥之处，衷心希望广大读者及时发现并提出，更希望广大读者对教材编写质量提出宝贵意见，以便修订和完善，进一步提高教材质量。

编　者

2015.5

目　录

模块一　农产品质量安全概述

模块二　农产品质量安全法律法规与标准体系

模块三　优质农产品生产

模块一　农产品质量安全概述

项目一　农产品质量安全概述

项目一　农产品质量安全概述

【学习目标】

完成本学习任务后，你应该能：

1. 牢记农产品质量安全的概念和含义
2. 了解国内外农产品质量安全的发展状况
3. 熟悉农产品质量安全的发展趋势
4. 发现并会分析农产品质量安全存在的问题，提出解决的办法

【工作任务描述】

某食品企业，为了生产优质、安全，让消费者放心的奶制品，需要对新入职的职工(顶岗实习的学生)进行安全食品教育，宏观认识农产品质量安全的内涵、发展现状和发展前景，提高对农产品质量安全意义的认识，为上岗就业做好准备。

【思维导图】

任务一 理解农产品质量安全的概念与内涵

一、学习准备

什么是农产品质量安全的概念和特点?

(一)知识准备

1.概念与内涵

(1)农产品

农产品是指来源于农业的初级产品。即在农业活动中获得的植物、动物、微生物及其产品。包括粮油产品、果蔬产品、畜产品、水产品等。

(2)农产品质量

是指农产品的外观和品质,即农产品的商品价值和使用价值,如气味、口感、营养成分、加工特性、包装、标识等;安全是指农产品的危害因素,如农药残留、兽药残留、重金属污染等对公众健康、生态安全、动植物卫生等的影响。

(3)农产品质量安全

《中华人民共和国农产品质量安全法》规定,"农产品质量安全,是指农产品质量符合保障人的健康、安全的要求"。即农产品中不应含有可能损害或威胁人体健康的有毒、有害物质或不安全因素,不可导致消费者急性、慢性中毒或感染疾病,不能产生危及消费者及后代健康的隐患。

农产品质量安全是人类生存的重要基础,是农业结构调整的重要手段,是提高农产品市场竞争力、农业增效、农民增收的迫切需要。农产品质量安全水平是反映人民生活质量高低及国家文明程度的重要标志,是保护国内农业产业发展的重要保障。

2.农产品质量安全的特点

(1)污染的多重性

从污染途径和因素考虑,大致可以分为物理性污染、化学性污染、生物性污染、本地性污染四种类型。通过人工或机械在农产品中混入杂质、农产品因辐照导致放射性污染等;使用农药、兽药、添加剂等造成的残留;致病性细菌、病毒以及某些毒素等;产地环境中水、土、气以及重金属超标等污染,环节复杂,控制难度大。

(2)危害的严重性

①危害的直接性。不安全农产品直接危害人体健康和生命安全。因此,质量安全管理工作是一项社会公益性事业,确保农产品质量安全是政府的天责,没有国界之分,具有广泛的社会公益性。

②危害的隐蔽性。仅凭感官往往难以辨别农产品质量安全水平,需要通过仪器设备进行检验检测,甚至还需进行人体或动物实验。部分参数检测难度大、时间长,质量安全状况难以及时准确判断。

③危害的累积性。不安全农产品对人体危害的表现,往往经过较长时间的积累。如部分农药、兽药残留在人体内积累到一定程度后,才导致疾病的发生并恶化。

④危害的多环节性。农产品生产的产地环境、投入品、生产过程、加工、流通、消费等各环节,均有可能对农产品产生污染,引发质量安全问题。

(3)管理复杂性

农产品生产周期长、产业链条复杂、区域跨度大。农产品质量安全管理涉及多学科、多领域、多环节、多部门,控制技术相对复杂,加之我国农业生产规模小,生产者经营素质偏低,农产品质量安全管理难度大。

(二)资料准备

(1)图书馆或资料室利用现有的图书馆或资料室以及报刊,查找有关农产品质量安全的信息资料

(2)利用现有的电脑、网站、Wifi等网络环境条件

查找有关农产品质量安全的概念、内涵、特征等方面的信息资料。

(3)通过网络

查找国外关于农产品质量安全的论述和农产品质量安全相关的信息。

(4)教师准备的资料单

关于农产品质量安全的认识、内涵、影响农产品质量安全因素的相关文章。

(5)推荐网站

中国农产品质量安全网、中国农业信息网、中国国家认证认可管理委员会、中国知网等。

如何设计和实施学习任务？

二、项目设计与实施

（一）项目设计

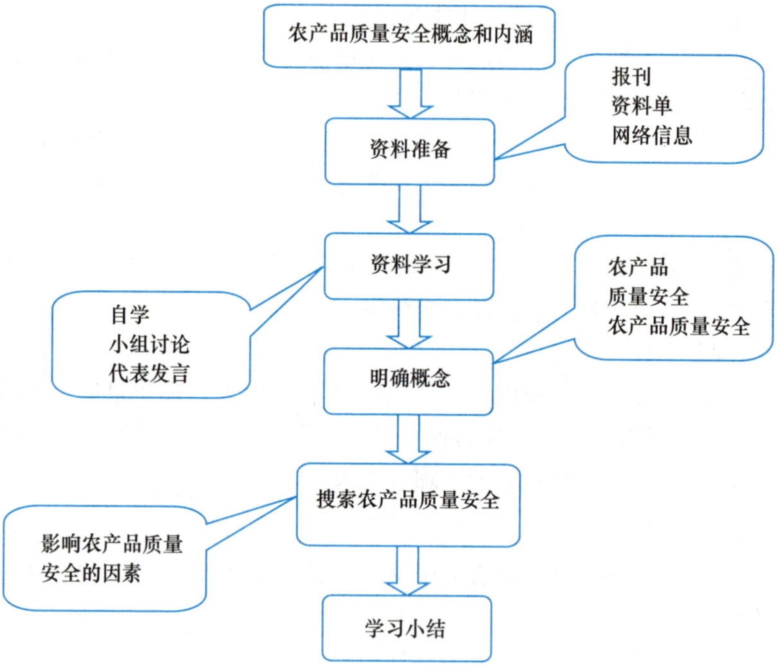

（二）项目实施

（1）安排学生课前预习农产品质量安全的概念和内涵

（2）在教师的指导下，通过多种信息渠道查询资料

关键词有：农产品质量安全、概念、内涵、特点、影响农产品质量安全的因素等。

（3）教师组织发动全班同学讨论、评价各小组的学习情况，达到全班同学共享学习资源和收获体会，巩固所学的知识内容

三、学习拓展

农产品质量安全问题可能带来哪些影响？

1. 农产品质量安全问题会危及公众健康

科学研究表明，食品中的有毒有害物质直接影响人的生长发育，诱发急性中毒

和慢性疾病，甚至导致死亡。据世界卫生组织估计，每年全球有数以亿计的人口因食品污染、饮用水污染而患病。在美国由于食品受出血性大肠杆菌污染，每年造成近两万人患病。英国发生疯牛病后，虽然因病直接致死的人数只有 69 人，但由于疯牛病潜伏期长、确诊困难，至今人们仍心存恐惧。

2. 农产品质量安全问题会造成经济损失

在过去 20 多年中，发生在世界各地的食品安全事件，不仅对人类身体健康带来了危害，而且对农业、食品业、旅游业等也造成了不同程度的影响，每年全球食品安全事件导致的经济损失数额巨大。例如，比利时因二噁英事件，不仅本国大量销毁大量活鸡和鸡肉加工制品，造成的直接经济损失达 13 亿欧元，而且使整个欧盟畜产品贸易蒙受巨额损失。

3. 农产品质量安全问题会引发国际贸易争端

近年来，世贸组织各成员国在普遍实行关税减让后，根据世贸规则，越来越多的国家把提高食品安全标准作为技术性贸易壁垒措施，限制他国产品进入。要求食品出口国生产企业具备较高的食品安全生产条件、出口产品必须取得国际认证等，提高农产品和食品进口门槛。2005 年，世界贸易组织成员国共提交卫生和植物卫生措施通报 651 件，涉及食品安全问题的多达 357 件，占通报总量的近六成。食品安全问题以及由此设置的贸易壁垒，已经成为国际贸易争端和摩擦的焦点之一。

4. 农产品质量安全问题会影响政府公信力

从国际经验看，农产品质量安全事件会直接影响公众对政府的信任度，一些重大食品安全事件甚至会破坏社会稳定、危及国家安全。因此，能否保障食品安全，已成为衡量政府能力的重要尺度。比利时由于发生二噁英事件，直接导致了政府的更迭；德国也因发生疯牛病导致了联邦政府卫生部长和农业部长辞职。因此，做好农产品质量安全工作，责任重大，意义深远。

任务二　了解国内外农产品质量安全的现状及前景

一、学习准备

国内外农产品质量安全现状是什么？

(一)知识准备

农产品质量安全是现代农业建设的重要内容，是政府、社会和全球关注的热点问题。近年来,不断出现的英国疯牛病事件、比利时二噁英事件、中国苏丹红鸭蛋事件、三聚氰胺奶粉事件、镉大米事件、瘦肉精事件、福喜鸡肉“过期肉事件”等,在世界范围内引起普遍关注。由此表明,农产品质量安全已经成为国计民生中重要的现实问题。

1. 中国农产品质量安全现状

(1)农产品数量稳步增长,质量安全水平逐年提高

中国政府采取了一系列有利于农业农村经济发展的政策措施,用仅占世界15%的粮食作物播种面积生产出了占世界总产量21%的粮食,以占世界不到10%的土地面积养活了占世界的22%人口。近年来,我国主要农产品总产量持续增长,随着农业连年丰产丰收,我国粮食和其他食用农产品实现了由长期短缺到总量基本平衡、丰年有余的历史性转变。安全优质农产品快速发展,形成了以无公害农产品、绿色食品、有机农产品、农产品地理标志为基本类型的格局,通过“三品一标”认证等级的农产品超高9万个,占使用农产品商品总量的40%以上。粮食生产更是稳定发展,成功实现了前所未有的“十连增”。在解决农产品数量安全的同时,也着力解决好农产品质量安全问题。2001年农业部在全国启动实施了“无公害食品行动计划”,加强农业投入品、农产品生产、市场准入三个环节的管理,推动从农田到市场的全程监管,开展例行监测,提高农产品质量安全生产和管理水平。监测结果表明,中国主要农产品合格率保持高位,农产品质量安全水平明显提高,2014年,蔬菜、畜禽和水产品合格率分别为96.3%、99.2%和93.6%,总体保持在较高水平。

(2)农产品质量安全法律法规、农业技术标准体系逐渐形成

我国已制定出40多部国家法律、行政法规和部门规章,如《中华人民共和国产品质量法》《中华人民共和国食品安全法》《农产品质量安全法》《生产加工企业质量安全监督管理实施细则食品》等,2014年1月21日,农业部发布了新修订的《农产品质量安全突发事件应急预案》,足见国家对农产品质量安全的重视。农产品质量安全方面的法律法规已经逐渐系统化,形成了农产品质量安全法律和法规的集合法群与总体框架,且日趋科学合理。2014年定为全国农产品质量安全监管年,明确了严格农业投入品监管、严格生产管控和生产记录、严格监测抽查制度、逐步建立产地证明和追溯管理制度、严格畜禽定点屠宰和奶站许可管理、大力推进农业标准化、畅通投诉举报渠道、建立严格的案件查处移送和责任追究制度等重点工作举措。

我国政府已组织制定农业国家标准420余项、行业标准1 200余项、无公害食品行业标准199项、农业地方标准1.6万余项,组建全国农业标准化技术委员会20多个。标准范围从农作物种子、种畜禽发展到种植业、畜牧业、渔业、热带作物、饲料工业、农机化、农村能源与环境、农业高新技术等各个领域,标准的内容也从原来

的产品标准延伸到关键技术以及加工、包装、贮运等各个环节。为适应中国农业发展新阶段的需要，中国农业部和财政部设立了农业行业标准制修订专项，加大了农业行业标准制定和修订的力度，力争在最短的时间内建立起一套既符合中国国情又与国际接轨的农产品质量标准体系。

(3)农产品质量安全认证体系建设初见成效

提高农产品质量安全水平，认证认可工作至关重要。近年来，在国家认监委和有关部门的大力支持和指导下，通过各级农业部门的共同努力，农产品质量安全认证工作从无到有，逐步规范、不断发展。基本形成了以产品认证为重点、体系认证为补充的农产品质量安全认证体系。认证包括产品认证和体系认证。产品认证是对终端产品质量安全状况进行评价的活动，体系认证是对生产条件保证能力进行评价的活动。对体系认证而言，比较符合中国农业生产实际的体系认证主要是“三P”认证，即GAP(良好农业操作规范)、GMP(良好生产规范)、HACCP(危害分析与关键点控制)。从中国的农产品生产实际和发展方向上看，相当长一段时期，农产品的认证还主要是产品认证。在产品认证当中，主要的是无公害农产品、绿色食品、有机食品认证。截至2014年，“三品一标”认证持续推进，全年新认证无公害农产品11 912个，绿色食品7 335个，有机食品3 316个，地标农产品213个，“三品一标”总数达到10.7万个。

(4)检验检测体系逐步建立，监管能力逐步增强

农业部在全国规划建设了179个部级农产品质检中心，现在已有164个部级质检中心获得农业部的授权认可和国家计量认证。同时，已有近50%的省(区、市)建立了省级农产品质量安全检测中心。400多个县建立了以速测为主的农产品质量安全检测站。已基本建立起部省县三级配套、互为补充、常规检验与快速检验相结合的农产品质量安全检验检测体系。在加强检验检测体系建设的同时，各地开展了大量的农产品质量安全检测工作，积极建立健全例行监测制度。我国逐步建立完善了农产品质量安全例行监测、行业普查和监督抽查制度，启动实施了农药、兽药、饲料、水产品药残监控等监控计划，加大了对农产品、农业投入品和产地环境的监督、监测力度。

2.中国农产品质量安全存在问题

(1)农产品质量安全相关法律法规不完善

与发达国家、国际组织的农产品质量安全法律体系相比，我国的农产品质量安全相关法律体系还不够完善，突出表现为相关法律、法规相互交叉，配套法规不完善等问题。农产品作为食品的重要大类，农产品质量安全与食品安全的相关法律法规应该保持监管主体、执行渠道的协调一致。然而现实情况是，食品卫生与农产

品质量安全有两套规定不一致的法律、法规，在制定法律、法规时部门间的沟通、协调严重不足，有些法规并没有经过严格的提案、公开征求意见、复审、修正的程序，导致执行不力。

(2)农产品质量安全管理体系有缺口

我国农业生产监管受计划经济体制下生产、加工、运输、销售等多部门分割的管理体制影响较深，部门分割、切块分段共管的现状成为我国农产品质量安全标准体系建设的重要障碍。中央一级的食品药品监督管理局、卫生部、农业部、国家质检总局、商务部与各省、市、县一级相应的延伸机构，各自监管农产品生产加工销售的某一环节，权责有交叉更有空白，形成了“多头管理，无人负责”的局面。中央与地方各级监管机构有各自独立的监管规章和标准，监管投入经费总体不足，结构不平衡，致使中央与地方工作无法协调开展。同时，农产品质量安全体系建设中的监管行业参与不够，即使某些农产品市场有行业组织、行业协会存在，但是运行不规范，无法形成行业自律机制，与消费者的沟通协调较少，致使生产经营企业一味追逐利润，与消费者消费安全、营养、卫生的产品需求背道而驰。

(3)农产品质量安全信息不对称

由于对优质安全农产品的宣传引导不够细化和深入，市场中农产品种类繁多、品牌杂乱，农产品质量安全信息不对称，使消费者、经营者对优质安全农产品难以准确辨别，优质农产品难以实现优价，影响了生产者提高农产品质量安全水平的积极性。政府在农产品出口环节缺乏协调一致的信息发布和预警机制，缺乏与行业协会或商会、农产品生产者间的信息共享，导致农产品出口遇到危机无法及时采取有效措施减少损失。我国全程质量控制和农产品质量安全溯源属于建立初期。农产品质量安全问题目前主要集中在农药残留、兽药残留超标。虽然各地陆续建立了形式多样的农产品质量安全追溯方法，但大都各行其是，多数地区没有建立有效的农产品质量安全追溯制度，农产品从“农田到餐桌”的全程追溯管理尚未到位。

3.国外农产品质量安全现状

随着世界各国对食品安全问题认识的不断深化，食品安全监管问题已成为学术研究和政策研究的重要领域。WHO(世界卫生组织)提出了“全球食品安全战略草案”。国外许多国家高度重视农产品质量安全源头监管，实行“从农田到餐桌”的全程监管模式，并积累了丰富的经验。

(1)设立职责明确的专门监管机构

食品安全监管机构是实行食品安全监管的组织基础。国外农产品质量安全监管机构的布局和设置有明确的目的和原则，并进行科学合理规划。

①第一种模式主要由农业部门来负责管理。采取这一模式的典型国家是加拿

大。1997 年 3 月，加拿大议会通过了《加拿大食品监督署法》，决定在农业部之下设立一个专门的食品安全监督机构——加拿大食品监督署，统一负责农业投入品监管、产地检查、动植物和食品及其包装检疫、药残监控、加工设施检查和标签检查等。德国、丹麦的食品安全管理模式与加拿大相同。荷兰食品安全主要监管部门是农业部，其下属的环境、质量和卫生局主要负责动植物健康、环境、农业生产以及动植物源饲料监管和政策制定等问题。

②第二种模式是成立独立的食品安全监督机构，这一模式以欧盟国家为代表。欧盟对食品安全特别重视，尤其是 2000 年疯牛病等事件后，欧盟各成员国政府对现行的管理体制和机构等设置进行了反思。2000 年欧盟食品安全白皮书中，提出建立一个独立的食品管理机构负责食品安全问题。2001 年通过立法，2002 年欧盟食品安全管理局(EF-SA)正式开始行使职能，2005 年在意大利正式挂牌成立。欧盟食品安全局的职责范围很广，统一负责欧盟境内所有食品的相关事宜，负责监督整个食品链安全运行，根据科学证据做出食品危机风险评估。欧盟食品安全管理局牵头建立一个与成员国有关机构进行紧密协作的网络，下设专家委员会和科学小组，为制订政策和法规提供依据。

③第三种模式是多个部门共同负责。这种模式以美国为代表。美国负责食品安全管理的机构主要有 3 个，分别为农业部(USDA)、食品和药品管理局(FDA)、环境保护署(EPA)。其中农业部主要负责粮食安全以及食品如肉类、家禽及相关产品和蛋类加工产品的监督；FDA 主要负责除肉类和家禽产品外美国国内和进口的食品安全；EPA 则主要监督饮用水和杀虫剂。此外，美国商业部、财政部和联邦贸易委员会也不同程度地承担了对食品安全的监管职能。为加强和机构之间的协调和配合，美国还先后成立了“食品传染疾病发生反应协调组”和总统食品安全委员会。丹麦实行“从农田到餐桌”全过程农产品食品安全监管体制，主要监管部门是食品、农业和渔业部。

(2)完善的农产品质量安全法律法规体系

完善的法律法规体系是世界各国提升农产品安全水平的根本保障。为此，各国政府都高度重视农产品安全法律法规体系建设。例如欧盟目前已经建立了一个较完善的食品安全法规体系，涵盖了“从农田到餐桌”的整个食物链，形成了以“食品安全白皮书”为核心的各种法律、法令、指令等并存的食品安全法规体系新框架。到目前为止，欧盟已经制定了 13 类 173 个有关食品安全的法规标准，其中包括 31 个法令，128 个指令和 14 个决定，其法律法规的数量和内容在不断增加和完善中。美国涉及食品安全的联邦法规有 30 多部，其中涉及农产品产地环境安全的有《食品质量保护法》(FQPA)、《联邦食品、药品和化妆品法》(FFDCA)等综合法规和《联邦杀虫剂、杀菌剂和杀鼠剂法》(FIFRA)、《植物保护法》等专项法规,主要目的是制定农药、环境污染物残留限量标准及安全使用方法,并对农药和食品中的农药残留进行调整和管理。欧盟于1991年实施的EEC2092/91农产品有机生产法令,统一规定了有机农产品(食品)生产、加工、标签和监督。德国设立了《食品法》、《联邦自然保护法》等,2002年以来,通过了《有机标志法》、《有机标志条例》和《生态食品标识法规》,在法律上对生态农业和生态农产食品的发展做出明确规定。丹麦2001年8月颁布的《环境保护法》,目的是限制对农产品产地环境的污染和破坏,保护自然与环境。目前,日本有关农产品产地环境监管的法规主要包括《食品安全基本法》、《农药管理法》和《植物防疫法》等。韩国政府颁布的《亲环境农业培育法》,其中对亲环境农产品的财政支持、政府职能以及违法处罚等方面进行了明确规定。

(3)健全的农产品质量安全标准体系

制定农业标准是农业标准化工作的重要组成部分,是增强农业在国民经济中基础地位的需要。许多发达国家为了提高农产品品质,促进本国农产品在国际市场上的竞争地位,制定了一系列详细的农产品质量标准。例如美国的农产品标准由国家标准、行业标准、农场主和贸易商制定的企业操作规范3个层次组成。目前,美国全国大约有93 000个标准,约有700家机构在制定各自的标准。至今美国《联邦法规法典》的"农业篇"中已有农产品标准(包括等级标准)352个。截至2005年底,美国已制定10 894项农药残留限量标准。欧盟的标准体系分为两层:上层为欧盟指令,下层为包含具体技术内容的可自愿选择的技术标准。目前,欧盟拥有技术标准10多万个,涉及食品和农产品的标准共有550个,其中欧洲标准(EN)220多个,欧共体指令法规(EEC/EC)有330多个。在农产品农药残留限量控制方面,欧盟已制定农药残留限量标准17 000多项。日本农林水产省制定的强制性技术法规有15部,农产品品质规格标准有500多个,涉及生鲜食品、加工食品、有机食品、转基因食品等。

(4)实行可追溯制度和保障措施

建立产品可追溯和召回制度。从20世纪90年代,许多国家和地区开始应用可追溯系统进行农产品质量安全监管。如美国国内行业协会和企业建立了资源性可追溯系统。欧盟于1997年开始建立和应用食品可追溯系统,并把农产品可追溯制度纳入法律框架之中。2002年1月欧盟颁布了178/2002号法令,规定每一个农产品企业必须对其生产、加工和销售过程中所使用的原料、辅料及相关材料提供保证措施和数据,确保其安全性和可追溯性。实行严格的市场准入制度,实行严格的检验检测制度。

(5)加强农产品质量安全风险分析和预警

①以国际食品安全风险分析准则为基础,制定法规形式的风险评估标准和方法。如欧盟2002年颁布了EC178/2002法规,重点强调风险评估在食品安全立法中的法律地位。

②建立有效的风险分析制度。发达国家及地区遵循国际食品安全监管趋势发展的要求,普遍建立了有效的风险分析制度,并制定了风险分析运作程序,包括风险评估数据的来源、风险管理和交流的方式以及风险评估步骤的执行机构和程序都有明确详细的规定。

③加强风险评估和防控技术的研究。美国的《食品质量保护法》中对风险评估技术的发展提出新要求,为满足这一要求,美国环境保护署(EPR)协同其他地方政府、研究机构和大学、实验室以及技术开发公司做了大量研讨,与残留限量再评估委员会(TRAC)一起积极开展食品安全风险评估和防控技术的研究。

4. 中国农产品质量安全保障措施与展望

(1)大力推进农业标准化

①加快农兽药残留等质量安全限量标准制修订,跟进配套制定相应的生产技术规程和检验检测方法。力争用3~5年的时间,优先建立、健全食用农产品农兽药残留标准体系。

②建立农业标准化生产补贴制度,对严格按照标准化要求生产的“三园两场”示范基地、“三品一标”获证单位、农业龙头企业和合作社进行扶持,充分发挥引领和带动作用,全面提高农业标准化生产普及率。

(2)积极推行质量追溯管理

尽快搭建国家农产品质量安全追溯公共信息平台,为实行全国农产品质量安全信息共享奠定基础;在“三品一标”企业、农业龙头企业、农民合作社试点开展农产品质量安全追溯示范;设立质量安全追溯财政专项,对开展追溯的企业和基地进行激励性补贴。力争通过3~5年,使全国范围内的所有获证“三品一标”产品全部实现可追溯,50%的龙头企业和合作社实行追溯管理。实现生产、经营、消费、监管信息对称,提高政府监管效率和公信力。

(3)进一步强化检验监测

检验监测是农产品质量安全执法监管的重要依据。现在突出的问题是监测比例低、样品数量少、代表性不够,基层质检机构运行乏力。应按照法定制度安排,扩大风险监测规模,增加监测频次和样品量,努力达到国务院食品安全“十二五”规划提出的每年每万吨3个样品的比例;同时,大力推动各级农业部门落实本地区、本行业农产品质量安全监督抽查制度,督促生产经营者落实相关的法律责任。同时,加快完善地县两级质检体系建设，强化质检机构管理，通过培训、练兵、考核等方式提高质检能力，确保各类、各级监测工作协调衔接。

(4)全面启动风险评估

风险评估是探索未知、评价已知和营养功能评价的国际通行做法。具体措施有：

①完善风险评估体系，加快建设国家农产品质量安全风险评估中心，发挥行业引领作用，同时迅速规划延伸主产区风险评估监测站点，加强动态监控。

②抓紧编制国家农产品质量安全风险评估能力建设规划和农产品质量安全风险评估年度计划，对各农产品品种、不同危害因子、不同的影响环节进行深入排查和评估，真正做到对农产品质量安全家底清、底数明、风险受控。

③抓紧构建以突发事件处置为重点的预警信息平台，实现农产品质量安全突发问题和相关舆情"及早发现、快速处置"。

(5)稳步发展"三品一标"

"三品一标"是指无公害产品、绿色食品、有机农产品和农产品地理标志的统称，是农产品质量安全顺向推动的重要抓手和标准化生产的重要载体，也是指导生产、引导消费的重要平台。

①加快认证进程，不断扩大总量规模，力争用5年左右时间，使80%的农产品生产基地通过"三品一标"产地认定，60%的上市农产品通过"三品一标"产品认证。

②加强证后监管，打击假冒伪劣，强化品牌培育和消费引导，保持和提升品牌公信力。

③建立全国统一的"三品一标"补贴或奖励政策，推动"三品一标"快速发展。加快推进监管能力建设，设立农产品质量安全执法监管条件建设基本项目，尽快为基层监管机构配备必要的执法取证、监督查处、交通通信、无害化处理等设施设备。大力推动农产品质量安全监管示范县创建，在中央财政设立基层农产品质量安全监管财政转移支付项目，以确保地、县、乡三级农产品质量安全监管能依法履职，实现各级分工负责、各有侧重，从生产源头确保消费安全。

我国农产品质量安全工作取得了显著成效，同时面临着一些新的问题和挑战。党的十八大确定了居民收入倍增和全面建成小康社会的奋斗目标，对农产品质量安全提出了更高要求，也提供了难得的发展机遇。未来应根据新形势和新任务，一手抓执法监管、一手抓标准化生产，着力加强监管能力建设，为努力确保不发生重大农产品质量安全事件、推动农业农村经济持续健康发展提供坚强保障。

(二)资料准备

(1)图书馆或资料室

利用现有的图书馆或资料室以及报刊，查找有关国内外农产品质量安全的信息资料。

(2)利用现有的电脑、网站、Wifi 等网络环境条件

查找有关国内外农产品质量安全的现状、存在的问题等方面的信息资料。

(3)通过网络,查找国外关于国内外农产品质量安全现状的相关案例

(4)教师准备的资料单

关于国内外农产品质量安全措施及前景的相关文章。

(5)推荐网站

中国农产品质量安全网、中国农业信息网、中国国家认证认可管理委员会、中国知网等。

二、项目设计与实施

如何设计和实施学习任务?

(一)项目设计

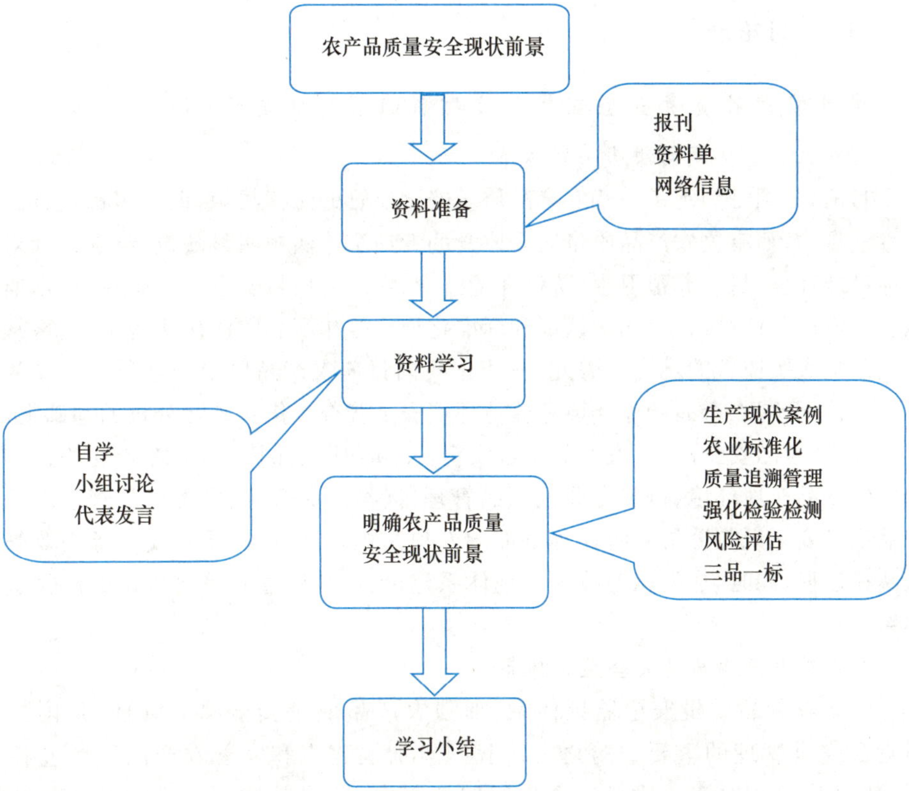

(二)项目实施

(1)安排学生课前预习国内外农产品质量安全的现状及前景

(2)在教师的指导下，通过多种信息渠道查询资料

关键词有：我国农产品质量安全的状况存在的问题、国外农产品质量安全的状况、农产品质量安全发展前景、农业标准化、质量追溯管理、强化检验检测、风险评估、三品一标等。

(3)汇总查找的相关资料

(4)每人写一份学习收获

(5)小组讨论，用集体的智慧完成一份较好的学习收获体会

(6)每组选一个代表，在全班讲解小组的学习路径、学习收获，组员补充收获的内容

(7)教师组织发动全班同学讨论、评价各小组的学习情况，达到全班同学共享学习资源和收获体会，巩固所学的知识内容

三、学习拓展

国外农产品质量安全发展经验对我国有哪些启示？

1.建立完善协调的法律法规体系

目前，我国已制定了一些农产品质量安全监管的法律法规，但大多都包含在综合性法规中，而有关农产品质量安全监管的专项法律法规明显缺位，特别是针对农产品产地环境保护、养殖卫生、防疫环境监管、农产品质量安全风险防控、技术监管以及与农产品产品认证、体系认证和标准化推广等相配套的法律法规不健全，从而进一步加大了监管的难度。因此，应依据我国目前农产品质量安全源头监管的需要，在有序开展农产品产地环境和养殖环境安全普查工作和风险分析的基础上，制定与我国《食品安全法》、《农产品质量安全法》和《环境保护法》等综合性法规相配套的农产品产地环境管理、农业投入品管理、肉类产品管理、禽类产品管理以及农产品质量安全风险分析和防控等方面的专项法规，为农产品质量安全源头监管提供法律依据，同时，加强相关技术法规体系建设，逐步建立起完善协调的法律法规体系。

2.完善农产品质量安全监控体系

建立农产品质量安全监控体系，加强农产品质量安全源头管理，是国外加强食品安全管理的重要经验之一。我国应加快建立和完善农产品残留监控体系，建立和健全农产品质量安全例行监控制度，并将其纳入国家相关法律法规

之中；同时，通过设立国家和地方政府财政专项基金的方式，加大例行监控工作的经费投入，支持农产品残留监控体系的建设；建立信息定期公布制度和发布平台，充分发挥其作用，使保证农产品质量安全成为生产者和管理者的自觉行动。

3. 推进农产品认证的发展和监管

积极推行农产品认证，是我国现阶段加强农产品质量安全监管的现实要求。因此，应在我国农业不同区域积极推进符合国际标准，规范化运作的农产品认证，特别要通过法律法规的形式，制定农产品认证和农产品质量安全标识标志管理办法，完善农产品产地认证、产品认证、标识管理、执法监督等各个环节的程序文件和技术规范等。同时，立足我国国情，在充分开展风险分析的基础上，加强政策引导和资金支持，在农业规模化、产业化和组织化发展程度相对较高的地区，制定和推进操作性强并与国际接轨的良好农业规范（GAP）和田间食品安全体系（On-Farm）等生产管理体系及其体系认证，充分发挥农产品认证在食品安全监管中的作用。

4. 加强农产品质量安全风险分析和预警系统建设

①加强制度创新。尽快制定《农产品质量安全风险评估管理办法》，明确农产品质量安全风险评估的目的、机构和职责，规定相应的程序和要求等，使农产品质量安全风险评估工作有章可循。

②加快机构建设。在农产品质量安全监管部门中设立专门的风险管理和预警机构，其职责是对农业种植和养殖生产过程中的风险进行综合分析、评价、管理和防控。

③加强风险分析和评估技术的研究。其中主要是形成有效解决风险分析评估技术研发的管理平台，培育专业技术人才，实现资源和智力共享；确定我国农产品安全风险评估和防控的优先领域和发展重点，制定发展规划，开展一系列具体的风险评估技术探索和研究等，提高农产品安全风险管理水平。

④建立和完善农产品风险交流预警机制。主要是开发建设农产品质量安全风险信息集成系统和综合监测信息网，实现实时动态监测和及时预警。

⑤以风险评估结果为基础，制定科学的风险管理政策和防控措施；倡导公众的广泛参与，通过法律赋予公众农产品质量安全信息知情权、诉讼参与权等，引导公众参与农产品质量安全风险管理和监督。

5. 实行严格的监管制度和惩治措施

①实行严格的农产品检验检测制度和执行标准。按照农产品检验检测的国际标准，通过立法的形式，确定和执行我国各类农产品检验检测标准；同时，在加强与

国外检测机构交流与合作的基础上，学习和吸收国外先进检测技术、管理经验和理念，加强农产品检测技术的研究，提高农产品检验检测技术能力。

②实行严格的市场准入制度。主要是对无产品认证和标示的农产品要通过加强市场准入标准制定及其制度的执行，限制这类农产品进入市场，加强对农产品流通环节的监管。

③建立和实行产品可追溯和召回制度。要在研究和分析我国农产品生产状况和特点，积极开展农产品地理标志保护和规范农产品认证和标签标示的基础上，建立和实行农产品可追溯和召回制度，强化农业生产者责任。同时，通过制定相关法律和严格执法，对被追溯和召回的农产品的生产者实行严格惩罚。

如何评价学习成果？

四、评价反馈

(一)自我评价

一、填空题(15 分)

1. 农产品是指来源于农业的________，即在农业活动中获得的植物、动物、微生物及其产品。

2. 农产品质量安全就是指农产品质量符合保障人的________、________的要求。

3. 食用农产品质量安全大致包括________、________、________及________等几个方面。

4. 我国农产品的合格率总体上是________、________、________和________是我国积极打造的认证品牌。

5. “无公害食品行动计划”力争用________左右时间，基本实现食用农产品________，保障消费安全，质量安全指标达到发达国家或地区的________。

6. 2006 年 11 月 1 日，________法律颁布实施，我国农产品质量安全工作进入到全面依法实施监管的新阶段。

二、简答题 (每题 10 分)

1. 农产品质量安全概念是什么？

2. 农产品质量安全问题可能给经济、社会和政治造成哪些影响？

3. 分析现阶段我国农产品质量安全的发展存在着哪些问题？

4. 简述我国农产品质量安全的发展现状。

5. 简述国内外农产品质量安全的发展趋势。

三、看图分析题(35 分)

图 1-1 中国妈妈为何喜欢国外奶粉

三聚氰胺事件以及随后的多起食品安全问题，打击了国内消费者的信心。随着“海淘”模式在中国急剧升温，最吸引眼球的就是疯狂购买海外婴幼儿奶粉。请结合图 1，头脑风暴分组讨论以下的问题，每组派 1～2 名代表进行小组汇报：

(1)中国妈妈为何喜欢国外奶粉？

(2)我们怎样才能有效地保障奶粉的质量安全？

(3)农产品质量安全监督工作上承担着哪些职责？

(4)作为生产者，你应当做什么？作为消费者，你应当做什么？建议在学习时从“生产者”和“消费者”这两个不同的角度出发，去思考有关的政策规定。

(二)小组评价

序号	评价项目	评价情况		
		优	良	中
1	学习态度			
2	学习方法			
3	团队合作			
4	学习成果			
5	能力提升			

参与评价的同学签名________________

(三)综合评价

1.教师评价

(1)对整个学习内容的小结归纳

(2)对学习过程的总体评价

教师签名________________

2.学生评价

(1)对教师授课效果的评价

(2)对学习效果的评价

学生签名________________

模块二　农产品质量安全法律法规与标准体系

项目二　农产品质量安全法律法规

项目三　农产品质量安全标准体系的建立

项目二　农产品质量安全法律法规

【学习目标】

完成本学习任务后，你应该能：

1. 领会《农产品质量安全法》的内涵
2. 熟悉《食品安全法》的相关内容
3. 学会依法进行农业生产，学会利用法律保护自己的权益
4. 了解与农产品质量安全相关的法律法规

【工作任务描述】

在国家示范校食品示范专业建设中，要求对食品专业及相关专业的学生进行食品安全法律法规和相关法规的培训。这些学生将来从业后，要做一个合格的新型职业农民，必须熟悉我国《农产品质量安全法》和相关的安全法规，并学会依法规范生产，学会利用法律维护自己的合法权益，并做好食品安全的宣传普及工作。

【思维导图】

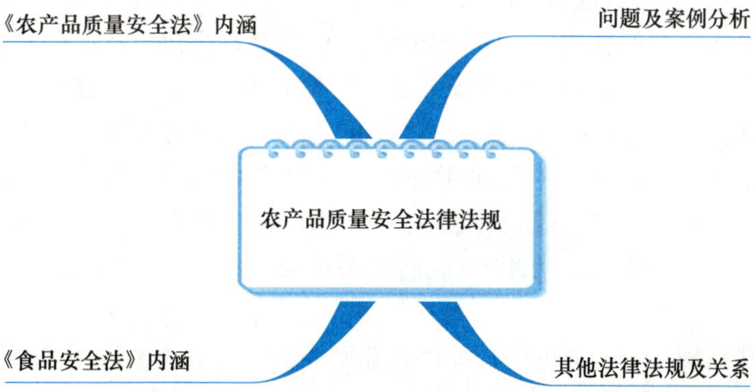

任务一 领会《农产品质量安全法》的内涵

一、学习准备

如何领会《农产品质量安全法》的内涵？

（一）知识准备

1. 出台《农产品质量安全法》的重要意义

“国以民为本，民以食为天，食以安为先。”农产品质量安全直接关系到人民群众日常生活、身体健康和生命安全；关系到社会稳定和谐；关系农村对外开放和农产品在国内外市场的竞争。《农产品质量安全法》的正式出台，是关系“三农”乃至整个经济社会长远发展的一件大事，具有十分重大而深远的影响和划时代的意义。出台《农产品质量安全法》是推动农业生产方式转变，为发展高产、优质、高效、生态、安全的现代农业和社会主义新农村建设提供坚实支撑的现实要求；是构建和谐社会、规范农产品产销秩序、保障农产品消费安全、维护广大人民群众根本利益的可靠保障；是推进农业标准化、提高农产品质量安全水平、全面提升我国农产品竞争力、应对农业对外开放和参与国际竞争的重大举措；是填补法律空白、推进依法行政、转变政府职能、促进体制创新、机制创新和管理创新的客观要求。

2.《农产品质量安全法》的有关背景

(1)我国农产品质量安全问题

人们每天消费的食物，有相当大的部分来源于农业初级产品，如：粮食、油料、果、茶、蔬、菌类，都是农产品质量安全法中所称的农产品。农产品质量安全问题被称为社会四大问题之一（农产品、人口、资源、环境），近几年来全球有数亿人因为吃到污染的食品和饮用水而生病，食物中毒事件频繁发生，特别是蔬菜农药残留的群体性中毒事件日益突出，食品质量问题近年来已居消费者投诉之首。下面了解一下造成我国食物污染的直接原因（或叫源头污染），以及我国“菜篮子”的化学安全性问题。

①造成我国食物污染的直接原因。化肥、农药、兽药和生长调节剂等农用化学品的大量使用，在我国农业的持续高速发展中起到了重要作用，但也直接给我国农产品质量安全带来隐患。我国是世界上化肥、农药施用量最大的国家，与欧美等发

达国家相比，在农药生产使用方面存在较大的差距。使用的农药仍以杀虫剂为主，占总用量的68%，其中有机磷杀虫剂占杀虫剂总用量的70%以上；杀菌剂和除草剂分别占总用量的18.7%和12.5%，使蔬菜、粮食中农药残留超标从而造成食品污染。用于“催熟”水果等的植物生长调节剂可能具有雌激素活性，通过食物链进入人体后，会造成女性性早熟、男性性特征不明显等身体发育不正常现象(称为内分泌干扰效应)；不少复配农药以商业名称流通，农民误用也造成多起蔬菜农药残留超标事件。

江河、湖泊、近海等水源的污染是导致农产品不安全的又一个重要因素。以次水源生产的水产品常常会受到工业化学品和藻类毒素(贝类毒素)的污染。在工业污染物中尤以持久性有机污染物和重金属污染最为严重，可直接危害人们的身体健康。工业废水、城市污水与垃圾未经处理，就用于农田灌溉和施肥，也会影响农产品的安全性。

畜禽养殖环境污染严重。我国现有集约化大中型奶牛、猪、鸡养殖场6 000多家，而且日排出粪尿及冲洗污水80多万吨，年排放近3亿吨，目前粪便污水净化处理量不足20%，由此造成的包括动物疫病和人兽共患性疾病等生物性危害正日益突出。

②我国“菜篮子”的化学安全问题。我国“菜篮子”的化学安全性问题以农药和兽药残留、环境污染物和真菌毒素等的污染较为突出。在日常市场监督检查中发现，蔬菜、水果农药残留超标的问题仍然十分广泛和严重。在每年上报的食物中毒死亡者中有相当一部分是由于使用了国家明令禁止生产和使用的甲胺磷、双氟磷、氟乙酰胺、毒鼠强和克伦特罗(“瘦肉精”，也称肾上腺类神经兴奋剂)等造成农、兽药残留而引起的。在家畜饲料中非法使用兴奋剂克仑特罗而造成消费者食物中毒的事件时有发生。

据估计，人类肿瘤的85%～90%为环境因素所致。通过食物链的富集，人类从食品中摄取了种类繁多且浓度高于环境浓度的有毒、有害物质，而这些有害物的化学结构与性质经动植物体作用后变得更为复杂。随着科学的发展与社会的进步，越来越多的化合物将进入人类的生产和生活环境。美国毒物控制法登记的化学物质大约有66 000种，且每年有300～700种新化合物、兽药、化肥、饲料添加剂等农业投入品。而这些化学品的安全性评价与在动植物内的残留规律及其对健康的危害尚有待深入研究。

(2)《农产品质量安全法》的立法背景

①人民群众的要求。广大人民群众非常关注农产品质量安全。人们每天消费的食物，有相当大的部分是直接来源于农业的初级产品，如蔬菜、水果、水产品、动

物产品等；也有些是以农产品为原料加工、制作的食品。农产品的质量安全状况如何，直接关系着人民群众的身体健康乃至生命安全。现在消费者都觉得黄瓜不再有往日的清香。番茄没有以往那样的酸甜；在农村竟有人种着两块地，其中不用化肥、农药的留着自己用，而用化肥、农药的则供城里人……近年来，国内因食用有毒有害物质超标的农产品引发的人畜中毒事件频频发生，使各地越来越重视农产品质量安全。

②党中央国务院高度重视食品安全问题。《农产品质量安全法》于 2005 年 10 月 22 日由国务院审议通过并提请全国人民代表大会审议，于 2006 年 4 月 29 日第十届全国人民代表大会常务委员会第二十一次会议通过，于同日以第四十九号主席令颁布。自 2006 年 11 月 1 日起施行。现任以习总书记为首的新一届国家领导更加重视食品安全问题，2015 年 1 月 22 日全国农产品质量安全监管工作会议在山东济南召开。农业部副部长陈晓华在会上强调，要始终坚持“产出来”和“管出来”两手抓，不断强化突出问题治理和执法监管，大力推行标准化生产和全程控制，切实保障农产品消费安全。

③监管工作需要。《农产品质量安全法》出台之前，农产品质量安全水平提高的难度逐步加大，个别地区也出现安全指标反弹的现象。农产品质量安全方面法制不健全，严重影响到农产品质量安全监管职能的发挥和消费者权益的保护。另外，执法主体不明确，保障体系不完善，已经对进一步推进农产品质量安全管理、建立长效机制形成严重制约。制定《农产品质量安全法》以强化农产品质量安全保障体系为基础，以农产品产地环境、生产过程、投入品监管、质量追溯和市场准入等环节为重点，全面推进农产品质量安全监管各项工作。

④应对国际贸易壁垒需要。据商务部统计，我国有 90% 的农业和食品出口企业受国际贸易堡垒影响，从粮食到水果、蔬菜，范围不断扩大。对我国发起绿色堡垒的国家，主要是欧盟、美国及日本等主要贸易伙伴，他们依靠先进的经济及科学技术优势，不断设置新的技术标准。再加上近几年来我国食品安全问题突出，使得我国农产品出口蒙上了阴影，几个主要的农产品贸易国都加大了检验检测力度，增加了检测指标，提高检测费用，因质量安全问题导致我国出口农产品遭遇退货、扣押、销毁、索赔、终止合同等现象十分突出，使得我国农产品出现“进来容易出去难”的局面。出口数量连续下降，连续 9 年，我国都是世界的头号反倾销目标国，致使我国农产品国际市场占有份额连续萎缩，使得中国本来比较具有优势的农产品失去了竞争优势，有些甚至被迫退出国际市场，这对我国农产品出口构成了巨大障碍。其主要原因，是我国过去对农药、化肥的不科学使用，在相当程度上造成部分土地和水源污染，这种状况在一定时间内难以彻底消除，从而影响了农产品质量安

全。在发达国家对农产品质量要求日益严格的情况下，我国不得不对农产品进行立法，规范生产。

⑤填补法律空白的需要。我国虽已制定了相关的法律法规但不适用于未经加工、制作的农业初级产品。为了从源头上保障农产品质量安全，维护公众的身体健康，促进农业和农村经济的发展，有必要制定专门的农产品质量安全法。

我国农产品生产特点和监管规律要求单独立法。农产品生产有其特殊性，不同于工业产品生产。一是农产品品种繁多。具有生物性，鲜活、易腐、难储藏，产品规格不易统一的特点。二是农产品生产环节多、周期长。从农田到餐桌，要经过农业产地环境、农业投入品使用、种植养殖、收割屠宰、储藏运输、保鲜、包装等多个环节，生产环节多，生长周期最短也在 30 d 以上，不同于工业品生产。三是影响安全的因素复杂。影响安全的因素涉及产地、生产过程和采收贮运等诸多环节，危害因素多，控制技术复杂，污染评价的手段有限。四是农产品质量安全监管的难度大，需要有别于工业品的特殊监管方式。我国农产品生产经营方式分散，农业生产规模小，千家万户分散经营，一家一户单独面向市场，农产品质量安全监管既要保护消费者的合法关注，也要保护生产者的适当权益，必须适应我国农业的特点。

单独立法符合国际惯例。美国制定了《联邦肉类检查法》；加拿大制定了《加拿大农产品法》；日本制定了《出口农产品管理法》和《农产品品质规格和正确标识法》；韩国制定了《农产品质量管理法》。

3.《农产品质量安全法》的法律框架

《农产品质量安全法》共 8 章 56 条(图 2-1)。

第一章“总则”共 10 条。主要对立法目的、调整范围、管理体制、政府职责、风险评估制度、信息发布制度，发展优质农产品、科研与推广、宣传引导等内容进行了规定。

第二章“农产品质量安全标准”共 4 条。主要对农产品质量安全体系的建立，农产品质量安全标准制定、制定要求、修订要求和组织实施进行了规定。这是政府履行农产品质量安全监督管理职能的基础，是农产品生产经营者自控的准绳，是消费者判断农产品质量是否安全的依据，是开展农产品产地认定和产品认证的依据，更是各级政府部门开展例行监测和市场监督抽查的依据。

第三章“农产品产地”共 5 条。主要对农产品产地安全管理工作、基地建设、产地要求、产地保护、防止投入品污染等内容进行了规定。这是影响农产品质量安全的重要源头。不符合标准的产地环境中不可能生产出符合农产品质量安全标准的农产品。

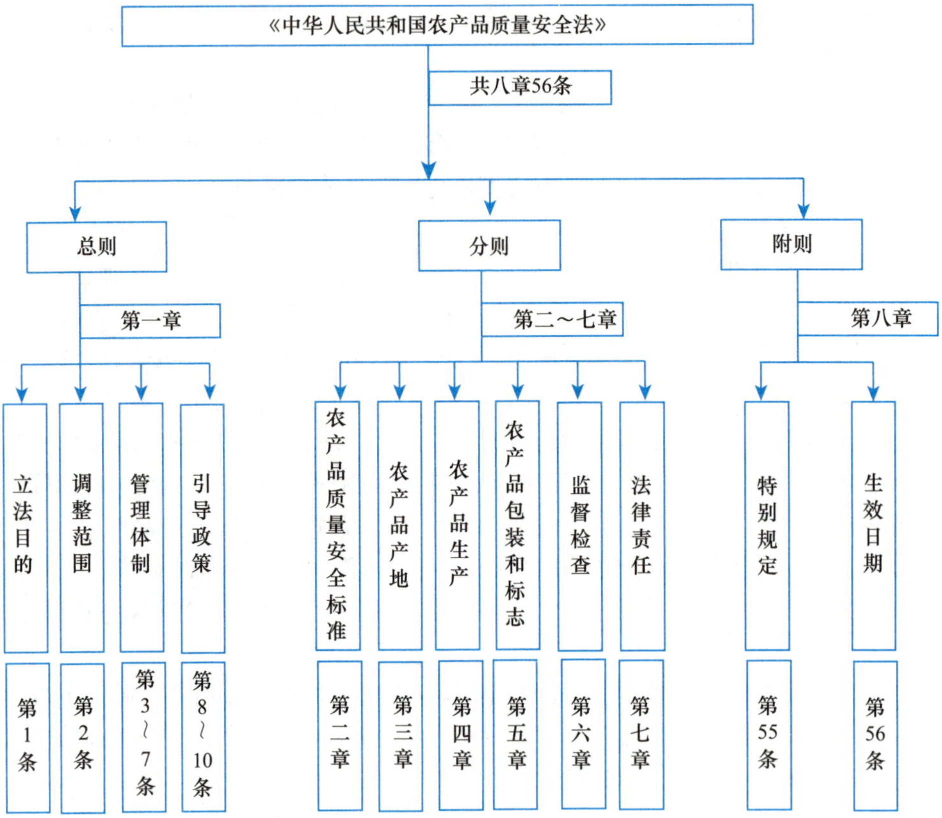

图 2-1 《中华人民共和国农产品质量安全法》框架

第四章“农产品生产”共 8 条。主要对生产技术规范和操作规程规定、投入品许可和监督抽查、投入品安全使用制度、科研推广机构职责、生产记录、投入品合理使用、产品自检、中介组织自律与服务等内容进行了规定。优质安全的农产品只有严格按照规定的技术要求和操作规程进行农产品生产，科学合理地使用符合国家要求的农药、兽药、肥料、饲料及饲料添加剂等农业投入品，适时地收获、捕捞和屠宰动植物或其产品，才能生产出符合标准要求的农产品，才能保证消费安全。

第五章“农产品包装和标识”共 5 条。主要对包装标识管理规定、保鲜剂等使用要求、转基因标识、检疫标志与证明和农产品标志等内容进行了规定。这是实施农产品追踪和溯源，建立农产品质量安全责任追究制度的前提，是防止农产品在运输、销售或购买时被污染或被损坏的关键措施，是培育农产品品牌，提高我国农产品市场竞争力的必由之路。

第六章“监督检查”共10条。主要对禁止销售要求、监测计划与抽查、检验机构管理、复检与赔偿、批发市场和销售企业责任、社会监督、现场检查和行政强制、事故报告、责任追究、进口农产品质量安全要求进行了规定。这是法律规定能否得到有效实施的保证。本法遵循农产品质量安全管理部门的责任与授权、责任与手段相匹配的原则，规定了农业部门监督检查的情形和要求。

第七章“法律责任”共12条。主要对监管人员责任、监测机构责任、产地污染责任、投入品使用责任、生产记录违法行为处罚、包装标识违法行为处罚、保鲜剂等使用违法行为处罚、农产品销售违法行为处罚、冒用标志行为处罚、行政执法机关、刑事责任和民事责任等内容进行了规定。

4.《农产品质量安全法》的支持和限制条款

(1)四个“鼓励”“支持”

①鼓励和支持生产优质农产品。

②国家鼓励其他农产品生产者建立农产品生产记录。

③国家鼓励单位和个人对农产品质量安全进行社会监督。

④国家支持农产品质量安全科学技术研究。

(2)两个“引导”

①国家引导、推广农产品标准化生产。

②各级政府及其部门应当加强农产品质量安全知识的宣传，提高公众的农产品质量安全意识，引导农产品生产者、销售者加强质量安全管理。

(3)八个“不得”

①经检测不符合农产品质量安全标准的农产品，不得销售。

②有下列情形之一的农产品，不得销售：

A. 含有国家禁止使用的农药、兽药或者其他化学物质的；

B. 农药、兽药等化学物质残留或者含有的重金属等有毒有害物质不符合农产品质量安全标准的；

C. 含有的致病性寄生虫、微生物或者生物毒素不符合农产品质量安全标准的；

D. 使用的保鲜剂、防腐剂、添加剂等材料不符合国家有关强制性的技术规范的；

E. 其他不符合农产品质量安全标准的。

③监督抽查检测应当委托符合本法第35条规定条件的农产品质量安全检测机构进行，不得向被抽查人收取费用。

④抽取的样品不得超过国务院农业行政主管部门规定的数量。

⑤上级农业行政主管部门监督抽查的农产品，下级农业行政主管部门不得另

行重复抽查。

⑥复检不得采用快速检测方法。

⑦农产品销售企业对其销售的农产品，应当建立健全进货检查验收制度；经查验不符合农产品质量安全标准的，不得销售。

⑧对同一违法行为不得重复处罚。

(4)六个“禁止”

①禁止生产、销售不符合国家规定的农产品质量安全标准的农产品。

②禁止在有毒有害物质超过规定标准的区域生产、捕捞、采集食用农产品和建立农产品生产基地。

③禁止违反法律、法规的规定向农产品产地排放或者倾倒废水、废气、固体废物或者其他有毒有害物质。

④禁止伪造农产品生产记录。

⑤禁止在农产品生产过程中使用国家明令禁止使用的农业投入品。

⑥禁止冒用前款规定的农产品质量标志

5.《农产品质量安全法》违法行为处罚应注意的事项

(1)明确农业部门处罚的8种违法行为

①检测机构伪造检测结果的。

②检测机构出具结果不实、造成重大损害的。

③生产企业、专业合作经济组织未建立或未保存生产记录、或伪造生产记录的。

④销售的农产品未按规定进行包装、标识的。

⑤使用保鲜剂、防腐剂、添加剂等材料不符合国家强制性技术规范的。

⑥生产企业、专业合作经济组织销售不符合标准的农产品的。

⑦农产品批发市场没有对农产品抽查检测，发现不符合标准，没有立即停止销售，没有报告的。

⑧冒用农产品质量标志的。

(2)分清本法的行政处罚主体

行政处罚的主体与法律实施的主体不是完全相同的。一部法律有哪几个行政处罚主体要看“法律责任”部分的具体规定。本法行政处罚的主体主要有农业、工商、卫生和环保部门。对销售不合格农产品的处罚农业部门和工商部门有分工：农业部门对生产企业、合作组织，工商部门对销售企业、批发市场中的销售者处罚。保鲜剂、防腐剂等处罚农业部门和卫生部门有交叉。环保部门对排放“三废”违法行为处罚。

(3)搞清行政处罚对象

本法涉及的责任主体众多,对各个责任主体的要求不一。在实施行政处罚时,要按照“法律责任”部分的具体规定,分清应承担法律责任的对象。“法律责任”部分没有明确规定的,要结合本法的其他有关法条内容进行判定。比如:

①包装标识的违法对象,可以根据第 28 条规定,处罚农产品生产企业、农民专业合作组织和收购单位、个人,不能处罚批发市场、集市贸易、超市。

②保鲜剂、防腐剂等违法行为,应根据第 29 条规定,处罚在包装、保鲜、贮藏、运输中的使用者。与卫生部门执法交叉,适用一事不再罚原则。

③批发市场中销售的农产品有第 50 条第一款规定情形的,对批发市场不处罚,但其有报告和赔偿的义务。

④冒用农产品标志可以处罚冒用者,冒用者可能是批发市场的销售者,也可能是超市。另外,生产无公害农产品是强制的,申请无公害农产品标志是自愿的,不能因无公害农产品标志而去处罚。

(4)正确适用行政处罚种类

本法规定的行政处罚种类有五类:

①责令限期改正。

②责令停止销售。

③撤销检测资格。

④没收违法所得。

⑤罚款。

某一违法行为适用哪些处罚种类要根据“法律责任”部分的具体规定正确适用,不能随意增添和自造。比如,对销售的农产品未按照规定进行包装、标识的,处罚种类有责令限期改正和罚款两种,但适用罚款的前提是逾期不改正。

(二)资料准备

(1)到当地农业部门收集《农产品质量安全法》《农药管理条例》《兽药管理条例》《农产品包装和标识管理办法》《食品安全法》法律法规和规章条例等资料

(2)利用网络查找《农产品质量安全法》及其中牵扯到的专业术语、概念、内涵等方面的资料

(3)通过网络,查找国外有关国家关于农产品质量安全方面的标准、要求、规定、制度等资料,与我国相关内容进行比较

(4)教师准备的资料单

我国及国外有关国家关于农产品质量安全方面的法律法规、标准、要求、规定、制度等资料及相关文章。

(5)推荐网站:中国农产品质量安全网、中国政府网—法律法规、中国法规法律资讯网、中国有机农产品信息网、中国农产品交易网等

二、项目设计与实施

如何设计和实施学习任务?

(一)项目设计

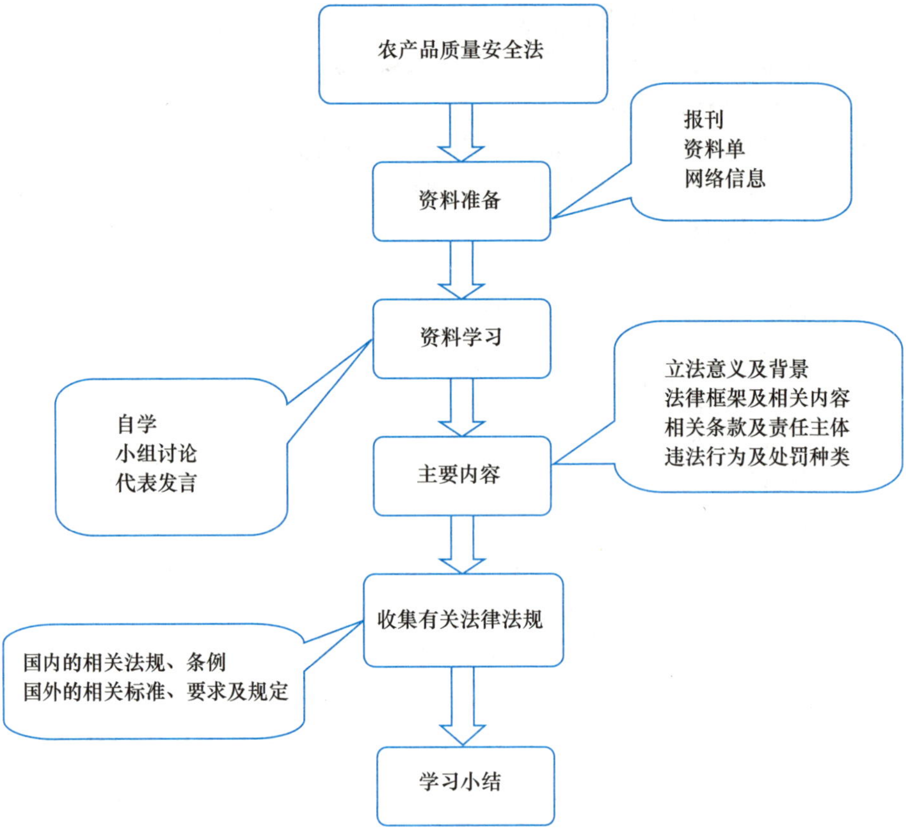

(二)项目实施

(1)安排学生课前预习《农产品质量安全法》

(2)在教师的指导下,通过多种信息渠道查询资料

关键词有:立法意义、背景、法律框架、基本制度、责任主体、违法行为、处罚种类等。

(3)汇总查找的相关资料

(4)每人写一份学习收获

(5)小组讨论,用集体的智慧完成一份较好的学习收获体会

(6)每组选一个代表,在全班讲解小组的学习路径、学习收获,组员补充收获的内容

(7)教师组织发动全班同学讨论、评价各小组的学习情况,达到全班同学共享学习资源和收获体会,巩固所学的知识内容

三、学习拓展

如何进行《农产品质量安全法》问题及案例分析?

(一)有关《农产品质量安全法》问题分析

1.《农产品质量安全法》所称的农产品的定义是什么

《农产品质量安全法》规定:本法所称农产品,是指来源于农业的初级产品,即在农业活动中获得的植物、动物、微生物及其产品。这里讲的“农业活动”,既包括传统的种植、养殖、采摘、捕捞等农业活动,也包括设施农业、生物工程等现代农业活动。“植物、动物、微生物及其产品”,通常是指在农业活动中直接获得的以及经过分拣、去皮、剥壳、清洗、切割、冷冻、打蜡、分级、包装等加工,但未改变其基本自然性状和化学性质的产品。

2.《农产品质量安全法》关于合理使用农业投入品有哪些规定

(1)农产品生产者应当合理使用农业投入品

农业投入品是农业生产不可或缺的重要物资,对于提高农产品产量、增加农民收入具有积极意义。但若使用不当,也会给农产品质量安全和农业生产环境带来严重损害。因此,必须强化对农业投入品使用过程的规范和管理,保证农业投入品的合理使用。

(2)合理使用农业投入品的具体依据是法律、行政法规和国务院农业行政主管部门的规定

我国有关农业投入品管理的法律、行政法规都对农业投入品的合理使用问题做了规定。如农业法、农药管理条例、兽药管理条例等。

(3)农产品生产者应严格执行农业投入品使用安全间隔期或者休药期的规定

在农药、兽药使用中严格执行安全间隔期或休药期规定,是合理使用农业投入品的重要内容。

安全间隔期:它是指农产品在最后一次施用农药到收获上市之间的最短时间。在此期间,多数农药的有毒物质会因光合作用等因素逐渐降解,农药残留会达到安全标准,不会对人体健康造成危害。不同品种的农药有不同的安全间隔期。

休药期：它是指使用动物在最后一次使用兽药到屠宰上市或其产品（蛋、奶等）上市销售的最短期间。在此期间，首要的有害物质会随着动物的新陈代谢等因素逐渐消失，兽药残留会达到安全标准，不会对人体健康造成危害。不同品种的兽药有不同的休药期。

（4）禁止在农产品生产过程中使用国家明令禁止使用的农业投入品

农业部门除了要依法加强对农业投入品使用环节的监管外，还要建立健全农业投入品安全使用制度，做好法律法规和国家禁用、限用农业投入品清单的宣传工作，搞好技术培训，指导农民掌握并遵循安全生产技术规程，合理使用农业投入品。

3.《农产品质量安全法》关于农产品生产企业和农民专业合作经济组织对农产品质量安全状况进行检测有哪些规定

（1）农产品生产企业和农民专业合作经济组织，在销售前应当对农产品的质量安全状况进行自检

这里所说的“自检”主要包括两种方式：一种是农产品生产企业和农民专业合作经济组织自己具有检测仪器，由本企业或本组织的检测人员自行进行检测的方式。另一种是农产品生产企业和农民专业合作经济组织自身没有检测仪器、人员，通过委托有关检测机构进行检测的方式。这里提到的“有关检测机构”，是指经过省级以上人民政府农业行政主管部门或者授权的部门考核合格的农产品质量安全检测机构。

农产品生产企业和农民专业合作经济组织通过自检，可以准确地掌握农产品的质量安全状况，从而在销售前采取有效措施。否则，一是可能会损害消费者的切身利益，危害消费者的身体健康；二是会给自身带来损失，一旦监督抽查不合格，不仅给企业带来经济损失，而且还会严重影响企业的形象和声誉。

（2）经检测不符合农产品质量安全标准的农产品，不得销售

否则，要依法予以处理、处罚。经检测，是指在农产品销售前，农产品生产企业和农民专业合作经济组织自行检测或者委托有关检测机构进行的检测。根据检测得出的结果，不符合农产品质量安全标准的农产品，不允许销售。但有些农兽药残留量超标的农产品，可先行留置，待过了安全间隔期或休药期，经检测符合农产品质量安全标准的，则可以销售。

4.《农产品质量安全法》关于农产品包装、保鲜、贮存、运输过程使用相关材料要求有哪些规定

①明确了保鲜剂、防腐剂、添加剂等材料使用环节要求，即在农产品包装、保鲜、贮存、运输中使用的相应材料必须符合国家有关规定。

②界定了农产品包装、保鲜、贮存、运输中允许使用的相应材料种类，主要是保鲜剂、防腐剂、添加剂等材料。

③提出了农产品包装、保鲜、贮存、运输中使用的相应材料必须符合国家有关部门颁布的安全、卫生、环保等方面的强制性要求。

5.《农产品质量安全法》对农产品质量安全监督抽查结果异议处理有哪些规定

(1)监督抽查结果的异议期

当事人对农产品质量安全监督检查结果有异议的，可以自收到检测结果之日起 5 日内，向组织实施监督抽查的农业行政主管部门或其上级农业行政主管部门提出复检申请。

(2)监督抽查采用的快速检测方法的认定

为保证快速检测方法的统一性、可靠性和权威性，本法规定，监督抽查采用的快速检测方法必须是经过农业部门会同有关部门认定后发布的方法。未经农业部门认定的快速检测方法，不得用于农产品质量安全监督抽查的检测工作。

(3)快速检测方法所得结果的异议处理

在农产品质量安全监督检查中，如果当事人对采用快速检测方法得到的检测结果有异议，可以自收到检测结果时起 4 h 内向检测机构提出复检申请。

(4)因检测结果错误导致的损坏赔偿

因检测结果错误给当事人造成损坏的，承担监督抽查任务的机构应当依法承担赔偿责任。

6.《农产品质量安全法》对违法排放废物或者其他有毒有害物质的法律责任有哪些规定

①此处所指应当承担法律责任的违法行为是指违反法律、法规规定，向农产品产地排放或者倾倒废气、废水、固体废物或者其他有毒有害物质的行为。

②根据环境保护法、海洋环境保护法、大气污染防治法、水污染防治法、固体废物污染环境防治法、农业法、渔业法、畜牧法、基本农田保护条例等法律法规，向农产品产地排放或者倾倒废水、废气、固体废弃物或者其他有毒有害物质的行为，应当承担的法律责任形式为：行政处罚、民事赔偿、刑事责任等。

7.《农产品质量安全法》对违法使用农业投入品所应当承担的法律责任有哪些

《农产品质量安全法》第 46 条规定：使用农业投入品违反法律、行政法规和国务院农业行政主管部门的规定的，依照有关法律、行政法规的规定处罚。对违反农业投入品规定的行为，农产品质量安全法没有规定统一的法律责任，而是通过设置指引性条款，由相关法律、行政法规进行规范。到目前为止，所涉及的相关法律、行政法规主要有：农业法、渔业法、畜牧法、农药管理条例、农业转基因生物安全管理条例、种子法、饲料和饲料添加剂管理条例、兽药管理条例等。

(二)有关《农产品质量安全法》案例分析

1. 乡政府没收农户农药案

某乡政府为贯彻A县农业局关于宣传《农产品质量安全法》的通知精神,开展农业产品质量大检查,组织人员到农户家检查有关农田等,没收了农户甲某的一批不合格农药。农户甲某认为乡政府无权没收其农药,表示抗议并向上级主管机关反映情况。

本案涉及农产品质量安全执法责任主体问题,根据《农产品质量安全法》第3条规定,由县级以上人民政府农业行政主管部门负责农产品质量安全的监督管理工作,是农产品质量安全执法的主体,乡级人民政府等不具有该行政职能。乡人民政府自行开展执法检查,不符合法律规定,私自没收农户甲某的农药,侵犯了甲某的财产所有权。

2. 甲某诉林业局行政处罚案

A县农业局会同环保局、有关检测中心,在开展依法严厉查处向农产品产地排放或倾倒废水、废气、固体废物及有毒有害物质的行为的执法活动中,发现B村农户甲某将大量固体废弃物,包括城镇生活垃圾,未经无害化处理便施撒于农田。故该农业局对甲某进行了行政处罚,甲某不服,向人民法院提起行政诉讼。

本案涉及农产品产地的保护问题。对于农产品产地的保护,我国主要有以下原则性规定:禁止任何单位和个人向农产品产地排放或者倾倒废气、废水、固体废物及其他有毒有害物质。农产品生产者应当合理使用肥料、农药、兽药、饲料和饲料添加剂、农用薄膜等农业投入品。禁止使用国家明令禁止、淘汰的或者未经许可的农业投入品。

本案所涉及的“法律、法规”主要有:环境保护法、大气污染防治法、水污染防治法、固体废物污染环境防治法、农业法,渔业法、畜牧法、基本农田保护条例等。《农产品质量安全法》第45条规定,向农产品产地排放或倾倒废水、废气、固体废物或者其他有毒有害物质的,依照有关环境保护法律、法规的规定处罚;造成损害的,依法承担赔偿责任。

本案中,甲某将大量固体废物,包括城镇生活垃圾,未经无害化处理便施撒于农田,根据《固体废物污染环境防治法》第17条的规定,收集、储存、运输、利用、处置固体废物的单位和个人,必须采取防扬散、防流失、防渗漏或者其他防止污染环境的措施,不得擅自倾倒、堆放 、丢弃、遗撒固体废物。因此,城镇生活垃圾必须经过无害化处理,方可作为其他用途,农业局对甲某进行处罚的做法符合法律规定。

3.农业局农业投入品许可管理和监督抽查案

A县农业局于2014年9月初，根据省级农业部门下达的抽查通知，积极开展对农业投入品的检查行动，检查有关农资经营企业的经营活动。该农业局在对A县荣盛农资有限责任公司的连锁店进行检查时，发现店内所经营的农药螨虫净、棉病绝、甲霜灵锰锌等农药已经超过有效期。2014年9月27日，农业局在县电视台公布了有关抽查的具体结果，并且对A县荣盛农资有限责任公司做出了第26号行政处罚决定，以该农资有限责任公司经营的农药螨虫净、棉病绝、甲霜灵锰锌属于过期农药，违反了《农药管理条例》第23条规定为由，对该农资有限责任公司处以警告及罚款3 500元的行政处罚。A县荣盛农资有限责任公司不服该县农业局的行政处罚，于2014年11月9日向人民法院提起行政诉讼。法院审理查明，农业局处罚决定事实清楚，适用法律正确，故判决维持农业局的决定。

4.农产品生产者未合理使用农业投入品受处罚案

甲村农户乙某对其种植的大棚白菜，在最后一次施用农药药剂后的18 d内就采摘，准备用于销售，而该农药药剂标注的安全间隔期为1个月。根据举报，县农业局在查清事实的基础上，对乙某进行了警告教育并罚款200元。

本案中，乙某作为农药使用者，应严格按照标签上规定的使用量、使用次数、安全间隔期使用农药，以防止污染农副产品。而其在短于安全间隔期内就采摘了该蔬菜，违反了《农药管理条例》的有关规定。对于乙某的行为，农业行政主管部门可以给予警告并处3万元以下的罚款。因此，该县农业局给予乙某警告和罚款200元的处罚是可以的。

5.农产品包装和标识不符合要求案

记者甲某在一次暗访中发现，A市五色杂粮开发有限公司生产的“五色杂粮之绿豆”袋装之绿豆粒，获得了绿色食品认证标志，但其包装袋上并未标注该所谓的绿色食品认证标志，并且只标注了品名、产地、生产者名称。“生产日期见封口处”，但封口处并未见到任何生产日期的标识。甲某及时地向有关部门进行了举报。

本案是关于农产品的包装和标识问题的案例。对农产品标识，《农产品质量安全法》明确了用于销售的农产品要标明品名、产地、生产者、生产日期、保质期、产品质量等级等内容，但不同的农产品可以按照实际需要，采取不同的方式进行标识。根据《农产品包装和标识管理办法》第7条的规定，农产品生产企业、农民专业合作经济组织以及从事农产品收购的单位或个人，用于销售的下列农产品必须包装：

①获得无公害农产品、绿色食品、有机农产品等认证的农产品，但鲜活畜、禽、水产品除外。

②省级以上人民政府农业行政主管部门规定的其他需要包装销售的农产品。符合规定包装的农产品拆包后直接向消费者销售的，可以不再另行包装。

国家对农产品实施标识销售，是一个基本的要求，但标识的内容对不同农产品可以区别对待，标识的方式方法也可以多种多样，具体标识要求按国务院农业行政主管部门规定执行。关于包装、标识行为主体问题，目前《农产品质量安全法》只是对农产品生产企业、农民专业合作经济组织以及从事农产品收购的单位或者个人应尽的责任和义务做出了规定，对其他主体，国家只是鼓励其对上市销售的农产品实施包装和标识并不硬性要求。

本案中，A 市五色杂粮开发有限公司生产的“五色杂粮之绿豆”袋装之绿豆粒。获得了绿色食品认证标志。根据《农产品包装和标识管理办法》第 7 条的规定，其所生产的食品绿豆必须包装。同时，根据《农产品包装和标识管理办法》第 12 条的规定，销售获得无公害农产品、绿色食品、有机农产品等质量标志使用权的农产品，应当标注相应标识和发证机构。因此，该绿豆包装袋上必须标示该绿色食品认证标志的发证机构。根据《农产品包装和标识管理办法》第 16 条第 3、5 项的规定，对于应当包装的农产品未经包装销售的，或者农产品未按照规定标识的，由县级以上人民政府农业行政主管部门按照《农产品质量安生法》第 48、49、51、52 条的规定处理、处罚。同时，根据《农产品质量安全法》第 48 条的规定，对于 A 市五色杂粮开发有限公司的违法行为，应责令限期改正；逾期不改正的，可以处 2 000 元以下的罚款。

6.违法使用保鲜剂受处罚案

某年某月，A 市农业行政执法大队执法人员根据举报，依照有关程序对 A 市甲农产品加工场的 800 kg 农产品毛芋进行质量抽检，经检测保鲜剂超标。依照《农产品质量安全法》的有关规定，A 市农业局对其处以罚款 3 000 元。

本案涉及使用保鲜剂不符合国家有关强制性技术规范要求的农产品的处罚问题。本条对使用的保鲜剂、防腐剂、添加剂等材料不符合国家有关强制性的技术规范的行为，规定了相应的行政措施和法律责任：责令停止销售。对被污染的农产品进行无害化处理，如果不能进行无害化处理的，则监督其对被污染的农产品进行销毁。对于使用的保鲜剂、防腐剂，添加剂等材料不符合国家有关强制性技术规范要求的农产品生产企业、农民专业合作经济组织以及农产品收购单位和个人，行政处罚机关应当没收违法所得，并处以 2 000 元以上 2 万元以下罚款。据此，A 市农业局对甲农产品加工场处以 3 000 元罚款的做法是正确的。

任务二 与农产品质量安全相关的法律法规

一、学习准备

如何领会《食品安全法》的内涵？

（一）知识准备

1.《食品安全法》内涵

食品安全关系着广大人民群众最根本最切身的利益，关系国家的健康发展，关系社会的和谐稳定。随着改革开放的不断深入，人们的生活水平不断改善，由追求温饱到追求吃好、吃出健康，食品卫生质量日益被关注，引起了党中央、国务院高度重视。2008 年 10 月，《食品安全法》草案提交十一届全国人大常委会第五次会议进行三审。按照中国的立法程序惯例，进入三审的法律草案意见已相对统一，不会再做重大修改，而只会在小条款上做一些“微调”，并有望交付表决。然而，《食品安全法》的三审稿堪称“罕见”，草案又进行了 8 个方面的重要修改，这次修改对法律文本的最终形成作用巨大，许多新增或强化的制度措施，被解读成是对“三鹿奶粉事件”暴露出的制度顽疾所进行的彻底整治。《食品安全法》草案的四审，原本被安排在 2008 年 12 月进行，但由于一些重要问题需明确，四审又被顺延两个月，到 2009 年 2 月的十一届全国人大常委会第七次会议。在最终的表决稿里，曾经游离于监管范畴之外的保健产品经过反复衡量终于被纳入了法律规范的范畴，而“损一赔十”的原则、名人做食品广告要承担连带责任等内容也一一入法。《食品安全法》的制定为我国进一步加强食品安全监管奠定了坚实的法律制度基础。至此，老百姓“吃饭问题”这一“天大的事”，终于有了法律的保障。但是，任何一部法律，随着社会的发展和市场的变化，都会暴露出其局限性。2015 年 3 月全国“两会”召开期间，有 9 位专家代表联名提案修订《食品安全法》，全国人大、国务院早在“两会”之前就开始向全社会征求修订意见，正在实施 5 年即行修订的方案。修订内容主要集中在以下 6 个方面：关于风险监测、风险评估与抽样检验制度的必要性、合理性和经济性的问题；《食品安全法》和《农产品质量安全法》概念上混淆、制度设计上混乱、衔接上断裂的问题；关于食品生产加工小作坊和食品摊贩的问题；食品安全标准体系不完善、标准短缺、标龄长、水平低的问题；关于食品安全社会共治的问题；

《食品安全法》与其他法律的衔接、协调的问题。

2.《食品安全法》的框架及亮点

(1)《食品安全法》的框架

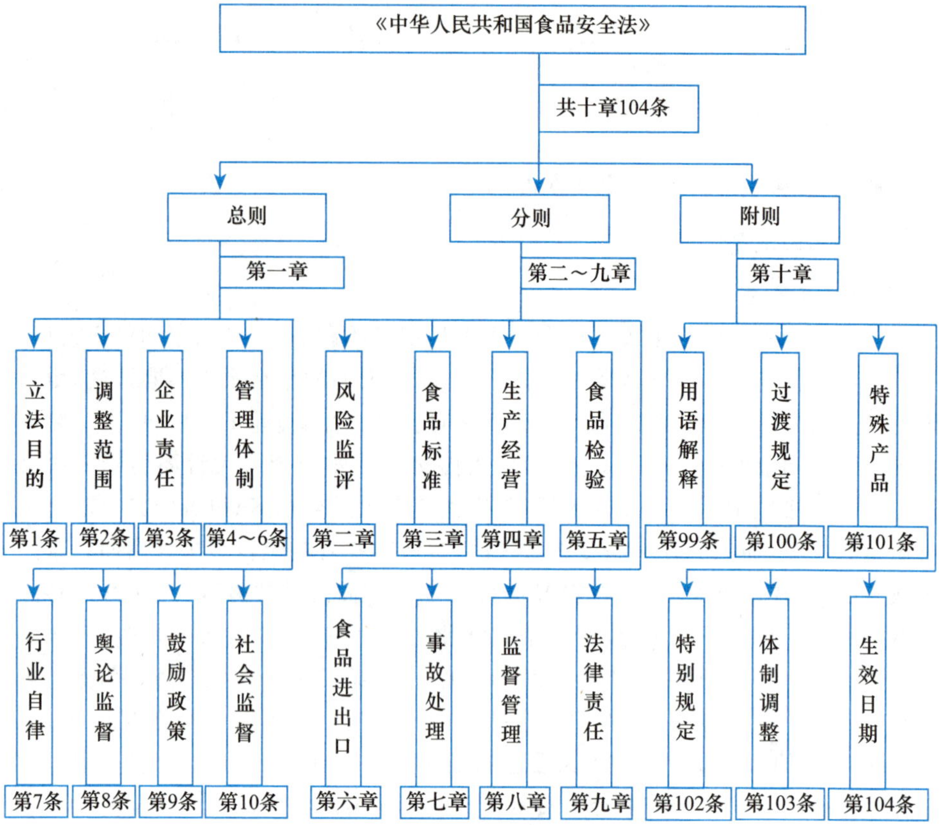

图 2-2 《中华人民共和国食品安全法》框架

(2)《食品安全法》的亮点

①理顺监管体制,加强全程监管。《食品安全法》第 4 条第 1 款规定“国务院设立食品安全委员会,其职责由国务院规定”。这新设立的委员会是一个高层次的议事协调机构,对全国食品安全监管工作进行协调和指导,旨在加强部门间的配合和消除监管空隙。农业部门主要依据《农产品质量安全法》的规定进行监管,但制定有关食用农产品的质量安全标准、公布食用农产品安全有关信息则依照《食品安全法》的有关规定。此外,《食品安全法》还加强了地方政府的监管职责,县级以上地方人民政府统一负责、领导、组织、协调本行政区域的食品安全监督管理工作,建立

健全食品安全全程监督管理的工作机制。不过这里需要注意的是第 103 条规定“国务院根据实际需要,可以对食品安全监督管理体制作出调整”,《食品安全法》执行以来也暴露了监管体制上的一些问题。首先,分段监管的体制虽明确了各部门的职责,但每一段并不是一个独立的环节,也无法仅由一个部门来承担。其次,我国现行法律中涉及食品安全的就有 11 部,相关行政法规至少有 15 部,还有大量的部门规章,这就可能导致各监管部门依照自己的法律法规办事。所以,各省市县质监局要按照《国务院关于地方改革完善食品药品监督管理体制的指导意见》(国发〔2013〕18 号),结合本地实际,将原食品安全办、原食品药品监管部门、工商行政管理部门、质量技术监督部门的食品安全监管和药品管理职能进行整合,组建食品药品监督管理机构,对食品药品实行集中统一监管,同时承担本级政府食品安全委员会的具体工作,食品监管“九龙治水”的局面宣告终结。不过,就目前来看,国家食药总局成立以后确实提高了办事效率,企业不用同时同多个职能部门打交道,主要聚焦食品药品监督管理部门,以往的“九龙治水”也转为“一局独大”,但是因为有些问题还处于多个部门之间的边沿处,有些细节性的食品问题还是得不到有效及时的处理。随后《食品安全法》的修订这些问题会得到改善。

②建立风险监测制度。《食品安全法》第 2 章用了整个章节阐明“国家建立食品安全风险监测制度”。要求相关部门要制定、实施国家食品安全风险监测计划。这意味着食品安全评价由“事后”提至“事前”,食品监管部门应主动对食源性疾病、食品污染和食品中有害因素进行检测,防止食品中有害物质对人体健康造成危害。同时也表明我国食品安全监管的重点由外在表面现象为主,深入到食品内在的安全因素,这是一个较大的转变。

③制定统一的国家标准。针对目前我国食品安全标准不统一的现实,《食品安全法》第 3 章中确定了统一制定食品安全国家标准的原则。国家建立科学、统一、权威的食品安全标准体系,不仅能为保障食品安全奠定坚实基础,还能有效杜绝各个执法部门各自为政的现象。

④加强食品添加剂监管。近年来的食品安全事故频发有一个重要的原因就是食品安全信息不对称。前几年国外学者提出了“柠檬理论”,说的就是信息不对称造成劣质品打败优质品。一般的商品我们可以通过感官触觉或者通过试用来判断出它的质量好坏,但是食品这种特殊商品是难以通过感官触觉判别优劣的,食品中是否有危害身体健康的添加物,只有生产者知道,而消费者是不知道的,这个信息在目前的情况下无法做到对称。由于食品添加剂的使用,导致感官越好的食品往往越存在诸多不安全的因素。为此食品安全法特别强调“对食品添加剂的生产实行许可制度”,食品添加剂应当在技术上确有必要且经过风险评估证明安全可靠,

方可列入允许使用的范围;不得在食品生产中使用食品添加剂以外的化学物质和其他可能危害人体健康的物质。按照这一法律条款,添加了食品添加剂目录以外的物质,哪怕是对人体无害,也是违法行为。

⑤强化食品安全责任。《食品安全法》着重突出了食品生产经营者的社会责任,要求食品生产经营者应对社会和公众负责,保证食品安全,接受社会监督,承担社会责任。与现行相关法律相比,《食品安全法》还明显加大对违法行为的处罚力度,将现行的最高处以违法所得 5 倍的罚款提高为货值金额 10 倍的罚款。与此同时,食品安全法还对监管部门和认证机构人员失职、渎职的行为规定了处罚措施:出现重大食品安全事故、造成严重社会影响的,对县级以上地方政府的直接负责的主管人员和其他直接责任人员给予记大过、降级、撤职或开除的处分;对县级以上各监管部门不履行职责或滥用职权、玩忽职守等,造成严重后果的,给予撤职或者开除的处分,主要责任人应当引咎辞职。

⑥《食品安全法》对食品广告加强了管理。规定社会团体或者其他组织、个人在虚假广告中向消费者推荐食品,使消费者的合法权益受到损害的,与食品生产经营者承担连带责任。与过去的"相应责任"相比,"连带责任"是较重的处罚,这意味着食品生产经营者承担什么样的责任,广告代言人就有可能承担这些责任,而"相应责任"只要承担一部分责任。然而,因缺乏有效的监管,我国保健食品市场存在着诸多"乱象",使公众对保健食品的信任度大幅降低。《食品安全法》第 51 条明确要求,国家对声称具有特定保健功能的食品应实行严格监管。有关监督管理部门应当依法履职,承担责任。同时提出了具体的要求:声称具有特定保健功能的食品不得对人体产生急性、亚急性或者慢性危害,其标签、说明书不得涉及疾病预防、治疗功能,内容必须真实,应当载明适宜人群、不适宜人群、功效成分或者标志性成分及其含量等;产品功能和成分必须与标签、说明书相一致。

3.《食品安全法》调整范围

在中国境内从事以下活动应遵守《食品安全法》:食品生产加工和进出口,食品流通和餐饮服务;食品添加剂生产经营;食品相关产品的生产经营;食品生产经营者使用食品添加剂、食品相关产品;对食品、食品添加剂和食品相关产品的安全管理。食用农产品的质量安全管理,应当遵守《农产品质量安全法》的规定。但是食用农产品质量安全标准、食用农产品安全有关信息的公布应遵守《食品安全法》的有关规定。关于乳品、转基因食品、生猪屠宰、酒类和食盐的安全管理,适用《食品安全法》;法律、行政法规另有规定的,依照其规定。

4.《食品安全法》与《农产品质量安全法》法律的关系

《食品安全法》第 2 条第 2 款中关于涉及农产品内容的有明确的规定:"供食用的

源于农业的初级产品(以下称食用农产品)的质量安全管理,遵守《农产品质量安全法》的规定。但是,制定有关食用农产品的质量安全标准、公布食用农产品安全有关信息,应当遵守本法的有关规定。"条款中明确指出了除了制定有关食用农产品的质量安全标准、公布食用农产品安全有关信息外,所有规范食用农产品行为都在《农产品质量安全法》的规范范围之内。但按照《农产品质量安全法》第 52 条规定,违反该法第 50 条第 2 款、第 3 款的,工商行政管理机关可以依据《农产品质量安全法》处罚。

5. 食品企业责任

《食品安全法》第 28 条规定食品生产企业禁止生产经营下列食品:

①用非食品原料生产的食品或者添加食品添加剂以外的化学物质和其他可能危害人体健康物质的食品,或者用回收食品作为原料生产的食品。

②致病性微生物、农药残留、兽药残留、重金属、污染物质以及其他危害人体健康的物质含量超过食品安全标准限量的食品。

③ 营养成分不符合食品安全标准的专供婴幼儿和其他特定人群的主辅食品。

④腐败变质、油脂酸败、霉变生虫、污秽不洁、混有异物、掺假掺杂或者感官性状异常的食品。

⑤病死、毒死或者死因不明的禽、畜、兽、水产动物肉类及其制品。

⑥未经动物卫生监督机构检疫或者检疫不合格的肉类,或者未经检验或者检验不合格的肉类制品。

⑦被包装材料、容器、运输工具等污染的食品。

⑧ 超过保质期的食品。

⑨ 无标签的预包装食品。

⑩国家为防病等特殊需要明令禁止生产经营的食品,其他不符合食品安全标准或者要求的食品。

(二)资料准备

(1)到当地农业部门收集《食品安全法》《农药管理条例》《兽药管理条例》《农产品包装和标识管理办法》法律法规和规章条例等资料

(2)图书馆或资料室。利用现有的图书馆或资料室以及报刊,查找有关《食品安全法》学习辅导资料

(3)利用网络查找《食品安全法》及其中牵扯到的专业术语、概念、内涵等方面的资料

(4)通过网络,查找国外有关国家关于食品安全方面的标准、要求、规定、制度等资料,与我国相关内容进行比较

(5)教师准备的资料单。我国及国外有关国家关于食品安全方面的法律法规、

标准、要求、规定、制度等资料及相关文章

(6)推荐网站

中国农产品质量安全网、中国政府网—法律法规、中国法规法律资讯网、中国有机农产品信息网、中国农产品交易网等。

二、项目设计与实施

如何设计和实施学习任务?

(一)项目设计

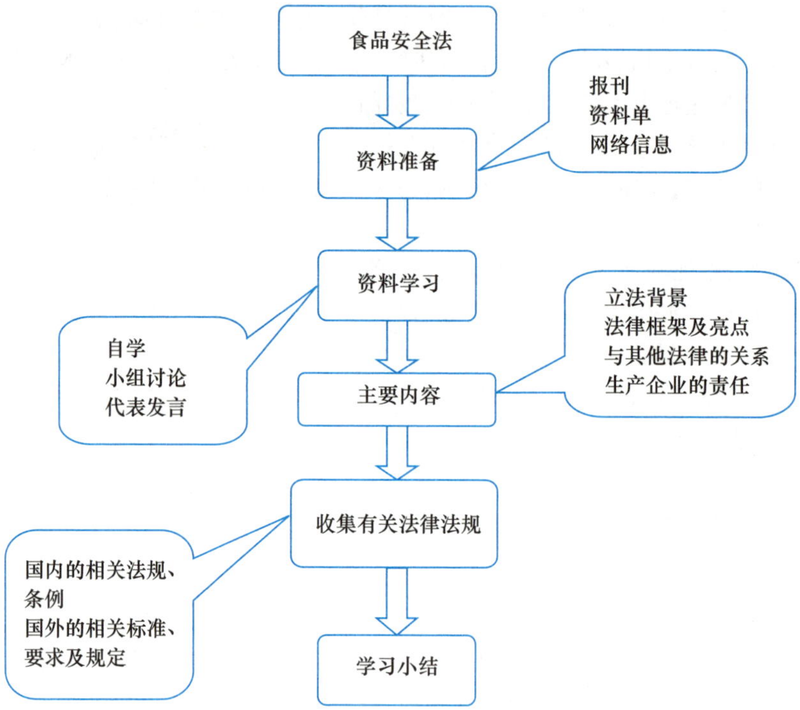

(二)项目实施

(1)安排学生课前预习《食品安全法》

(2)在教师的指导下,通过多种信息渠道查询资料

关键词有:立法背景、法律框架、企业责任。

(3)汇总查找的相关资料

(4)每人写一份学习收获

(5)小组讨论,用集体的智慧完成一份较好的学习收获体会

(6)每组选一个代表,在全班讲解小组的学习路径、学习收获,组员补充收获的内容

(7)教师组织发动全班同学讨论、评价各小组的学习情况,达到全班同学共享学习资源和收获体会,巩固所学的知识内容

三、学习拓展

结合自己的生产实际需要,如何学习其他相关的法律法规?

(一)《中华人民共和国农业法》

主要对农业生产经营组织和农业劳动者应当保养土地、合理使用化肥、农药、增加使用有机肥料、防止土地的污染和破坏等方面做出规定。

(二)《中华人民共和国畜牧法》

主要从畜禽养殖环境方面进行了相关规定。

(三)《中华人民共和国渔业法》

主要对渔业资源的保护、增殖、开发、合理利用、发展人工养殖等方面做出了规定。

(四)《农产品产地安全管理办法》

主要对农产品产地监测与评价、禁止生产区划定与调整、产地保护和监督检查等方面做出了规定。

(五)《水污染防治法》

主要对有关水环境质量标准制定、污染物排放、防止水污染、处罚等方面做出了规定。

(六)《农产品包装和标识管理办法》

主要对农产品包装、农产品标识等方面做出了具体规定。

(七)《农业转基因生物安全管理条例》

主要对转基因农产品的许可、审批、定期报告、检查等方面做出了规定。

(八)《农药管理条例》

主要对农药使用登记、生产许可、经营许可、使用管理等方面做出了规定。

(九)《兽药管理条例》

主要对兽药生产许可、经营许可、新兽审批、进出口兽药管理、兽药使用、兽药监督管理等方面做出了规定。

(十)《饲料和饲料添加剂管理条例》

主要对新饲料和饲料添加剂的审定制度和进口记管理、生产许可、经营管理和使用管理等方面做出了规定。

四、评价反馈

如何评价学习成果?

(一)自我评价

1. 为了完成农产品质量安全法律法规的学习任务,你都做了哪些准备?查找了哪些资料

2. 运用所学的知识,对你身边的农产品生产、监督检查活动或安全事故从相关法律法规的角度进行案例分析

3. 你认为目前农产品生产者和经营者了解相关的农产品法律法规吗?如何提高他们的法律意识

4. 通过自学、讨论和调研,你有什么收获

(二)小组评价

从学习态度、学习方法、团队合作和学习能力的提升等方面评价。

序号	评价项目	评价情况
1	与其他同学口头交流学习内容是否流畅	
2	是否尊重他人,语言是否文明	
3	学习态度是否积极主动	
4	是否服从教师的教学安排	
5	是否有较强的法律意识	
6	对所学的法律法规是否理解	
7	能否利用所学的法律法规分析案例	
8	是否能按照相关的法律法规设计生产程序	
9	是否能客观看待农产品安全事故	
10	是否遵守学习场所的规章制度	
11	是否有工作岗位的责任心	
12	是否达到全勤	
13	团队学习中主动与合作的情况如何	
14	能否主动参与教学场所的清洁和整理工作	

参与评价的同学签名________________

(三)综合评价

1. 教师评价

(1)对整个学习内容的小结归纳

(2)对学习过程的总体评价

教师签名________________

2. 学生评价

(1)对教师授课效果的评价

(2)对学习效果的评价

学生签名________________

项目三　农产品质量安全标准体系的建立

【学习目标】

完成本学习任务后，你应该能：

1. 了解我国农产品质量安全标准的概念和分类
2. 了解我国农产品质量安全标准体系建立的意义和架构
3. 能够运用农产品质量安全标准体系指导生产实践
4. 了解我国农产品质量安全监管体系的组成和建设现状
5. 初步了解国外发达国家和地区农产品质量安全标准体系及农产品质量安全监管体系的建设情况，在今后开拓农产品国际市场时做到有备无患

【工作任务描述】

河南省农业厅在新型职业农民培养过程中，需要通过培训，让职业农民了解我国农产品质量安全标准体系、监管体系的分类、组成和运行情况，并能够在农产品生产、加工实践中加以正确运用，为保障我国农产品质量安全并实现我国现代农业生产标准化奠定基础。

【思维导图】

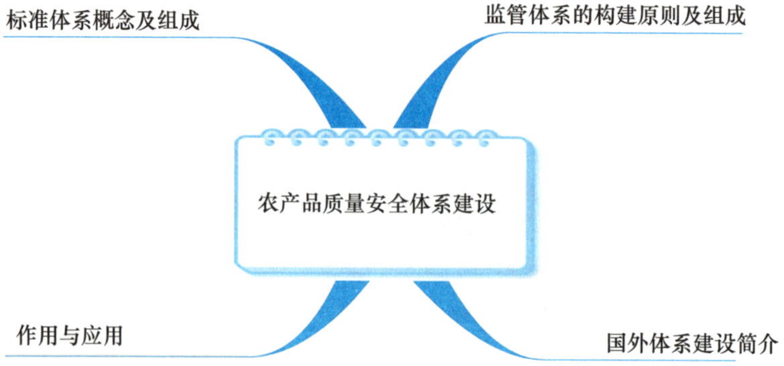

任务一　农产品质量安全标准体系

一、学习准备

(一)知识准备

如何认识我国农产品质量安全标准及其体系的建设?

1. 农产品质量安全标准概念

农产品质量安全标准通常是指规定农产品固有质量和安全要求的标准，以及与农产品质量和安全有关的标准。农产品的固有质量要求，包括外观、内在品质，如营养成分、色香味和口感、加工特性以及包装标识等方面的要求;农产品的安全要求，包括诸如农药残留、兽药残留、重金属污染等对人体健康和动植物以及环境存在危害与潜在危害因素的要求。

2. 农产品质量安全标准分类

(1)按照标准的适用范围和管理主体分

分为国家标准、行业标准、地方标准和企业标准。

农业国家标准，由农业部提出建议，国家标准委下达计划，农业部负责组织起草、审查，国家标准委审批、发布和编号。编号由国家标准的代号、国家标准发布的顺序号和国家标准发布的年号(采用发布年份的后两位数字)构成。

农业行业标准，由相关单位提出建议，农业部下达计划，并组织起草、审查、审批、发布和编号;农业地方标准，由地方农业部门提出建议，技术监督部门下达计划，农业部门负责组织起草、审查，技术监督部门审批、发布和编号。企业标准由企业组织制定,并按省、自治区、直辖市人民政府的规定备案。

兽药以药典的形式发布，兽药残留及部分分析方法以农业部规章的形式发布，部分残留分析方法以行业标准形式编号发布。农药残留方面的国家标准由卫生部会同农业部制定发布，部分农药残留限量标准以农业行业标准形式发布。

国家、行业、地方标准的主管部门对实施期满 5 年的标准进行复审,以确定该标准采继续有效、修改(通过技术勘误表或修改单)、修订(提交计划项目申请,立项对标准进行修订)或废止。

(2)按照约束性程度分

分为强制性标准(GB)和推荐性标准(GB/T)。

强制性标准是部门或生产者必须执行的标准,推荐性标准又称为非强制性标准或自愿性标准,是可参考执行的标准。推荐性国标一经接受并采用,就成为各方必须共同遵守的技术依据,具有法律上的约束性。

只有在下述范围内需要强制执行的内容才能制定成强制性标准:a. 有关国家安全的技术要求;b. 保护人体健康、动植物生命安全和健康的要求;c. 污染物排放限值和环境质量要求;d. 产品及产品工业标准化生产、贮运和使用中的安全、卫生、环境保护等技术要求;e. 防止欺骗、保护消费者利益的要求。

此外,我国国家标准化机构还发布"国家标准化指导性技术文件",为给仍处于技术发展过程中(如变化快的技术领域)的标准化工作提供指南或信息,供科研、设计、生产、使用和管理等有关人员参考使用而制定的标准文件。

强制性与推荐性标准都有标准的实施日期,即对新标准自即日起开始生效,被新标准所代替的所有以前的旧标准或旧标准文本自新标准生效之日起,将自行废止的时间规定。

(3)借鉴国际社会的基本做法分

①安全卫生标准,主要是指农产品中农药、兽药等有毒有害物质最大允许量或最大残留限量。

②农业投入品类标准,主要是指农业生产所用种子种苗、肥料、农药、兽药、饲料和饲料添加剂等的质量标准。

③农业资源环境类标准,主要是指动植物种质资源、农业水资源、耕地资源、草地资源、农产品产地环境(含养殖环境)、生态环境等方面的标准。

④动植物防疫检疫类标准,主要是指动植物检疫与防疫、诊断与防治等方面的标准。

⑤管理规范类标准,主要是指农业投入品安全使用准则、农产品安全控制规范,如危害分析与关键点控制操作规范(HACCP)、投入品良好生产规范(GMP)认证和中国良好农业规范 (China GAP)等,以及农产品包装、标识、贮运等方面的标准。

⑥农产品品质规格类标准,主要是指重要农产品质量、规格的分等分级标准。

⑦生产技术规程,主要是指农产品种植、养殖、采摘、捕捞、保鲜加工等操作技术规程。

⑧分析测试方法类标准,主要是指农业生态环境、农药肥料等农业投入品、

农产品成分等的分析与测试技术规范。

⑨名词术语类标准，主要是指农产品质量及其安全的名词、术语等方面标准。

3.我国农产品质量安全标准功能作用

(1)农产品质量安全监管体系的重要支撑

在农产品质量安全管理体系中，标准、检验和认证是三大技术支柱，而标准发挥着基础性作用。农产品质量安全标准是政府履行农产品质量安全监督管理职能的基础，是判断农产品质量安全的依据，是开展农产品产地认定和产品认证的依据，更是各级政府部门开展例行监测和市场监督抽查的依据。没有标准，农产品质量安全检验工作缺乏科学依据；没有标准，农产品质量安全认证工作无从谈起。

(2)规范和统一农产品生产经营管理行为的技术依据

农产品质量安全标准一旦发布就具有法律效力，生产和销售农产品的主体，如农产品生产企业、农民专业合作经济组织、农产品销售企业、批发市场、农贸市场、配送中心和超市，必须按照农产品质量安全标准的要求组织生产和销售，确保生产和销售的农产品各项参数达到农产品质量安全。

(3)评价农产品质量安全水平高低和质量优劣的重要尺度

农产品质量安全的好坏、水平的高低，要依据标准做出评判结论，是农产品生产经营者自控的准绳。

(4)农业行政执法的重要保障

农业行政执法的依据是农业法规和技术标准，农业法律法规不可能包罗万象，只能是一些原则或通用规定，法律法规的执行必须依靠细化的标准。

(5)引导农产品生产、加工和消费的重要指南

标准不仅是农产品组织生产的技术指南，而且也是指导农产品消费的技术指南。

(6)提升我国农产品国际竞争力、消除农产品技术性贸易壁垒的技术手段

随着关税及行政许可等措施在农产品贸易中作用的弱化，技术性贸易壁垒日趋严重，标准特别是国际标准已成为消除技术性贸易壁垒的重要手段。质量安全标准的实施，有利于提升我国农产品质量与品质，使一些出口农产品逐步适应国际市场的要求，不会因为低于国际标准或某些国家的标准而受到贸易冲击，以不断满足农产品出口贸易发展的需要。

4.农产品质量安全标准体系概念、建立意义及组成

(1)概念

农产品质量安全标准体系是指以产品、过程、服务、管理为中心，将农产品生产

及加工的全过程中所涉及的保障食用农产品质量安全相关环节的全部农业标准，按其内在联系形成的科学的有机整体。

(2)建立意义

农产品是人类消费必需品，其质量安全关系到人类身体健康和安全，也与生产者切身利益相关。长期以来，由于我们只重视农业产量的提高，忽视了农产品质量的改进和管理，致使我国农产品质量一直不高，农产品的质量问题日趋严重，与国外同类农产品相比，在国际市场上竞争力弱，也难以满足国内经济增长的需要。

要解决这个问题，必须对农产品实行全面质量管理，对农业生产的产前、产中和产后实施严格的质量安全控制，从生产源头抓起，结合产前的产地环境检测、产中的标准化生产和农业投入品检测、产后的产品检测和标识管理，实施农产品全程标准化安全生产，实现从田头到餐桌的全过程质量安全控制。

农产品质量安全标准体系涉及农产品产前、产中、产后的各个环节，建立农产品质量安全标准体系是对农产品实施“从农田到餐桌、从围栏到餐具”全过程监管的有效措施。同时是对推广新技术和应用科研成果起到了桥梁作用，能够为农产品质量安全标准的制修订计划和规划提供主要依据，减少标准之间的重复与矛盾，为采用国际标准提供全面的信息，能够有效地促进农产品标准化的改革与发展，提高农产品标准化的管理水平。

(3)体系组成

农产品质量安全标准体系是由众多涉及保障人的健康、安全要求的农业标准组成的一个庞大而复杂的系统，建立农产品质量安全标准体系的目的在于梳理、完善涉及农产品质量安全的各类相关标准的构架，使之覆盖到生产全过程，且相互之间有效衔接。

我国农产品质量安全标准目前已发展到涉及产品品种、产地环境、生产加工、产品等级、卫生安全、包装贮运等农产品生产的全过程，基本建立起以国家标准和行业标准为主体、地方标准为配套、企业标准为补充的农产品质量安全标准体系。从农业标准化活动来看，农产品质量安全标准体系是由层级、领域、内容组成的立体框架结构(图 2-3)。在层级上，经过多年的建设与发展，目前我国初步形成了农业国家标准、行业标准、地方标准、企业标准四个层级的技术标准体系框架。在领域上，包含种植业、养殖业及其初级加工产品所涉及的技术标准。在内容上，包括安全卫生标准、基础标准、生产规程标准、农业投入品标准、环境及资源保护标准、农产品标准、包装贮运标准、方法标准等。

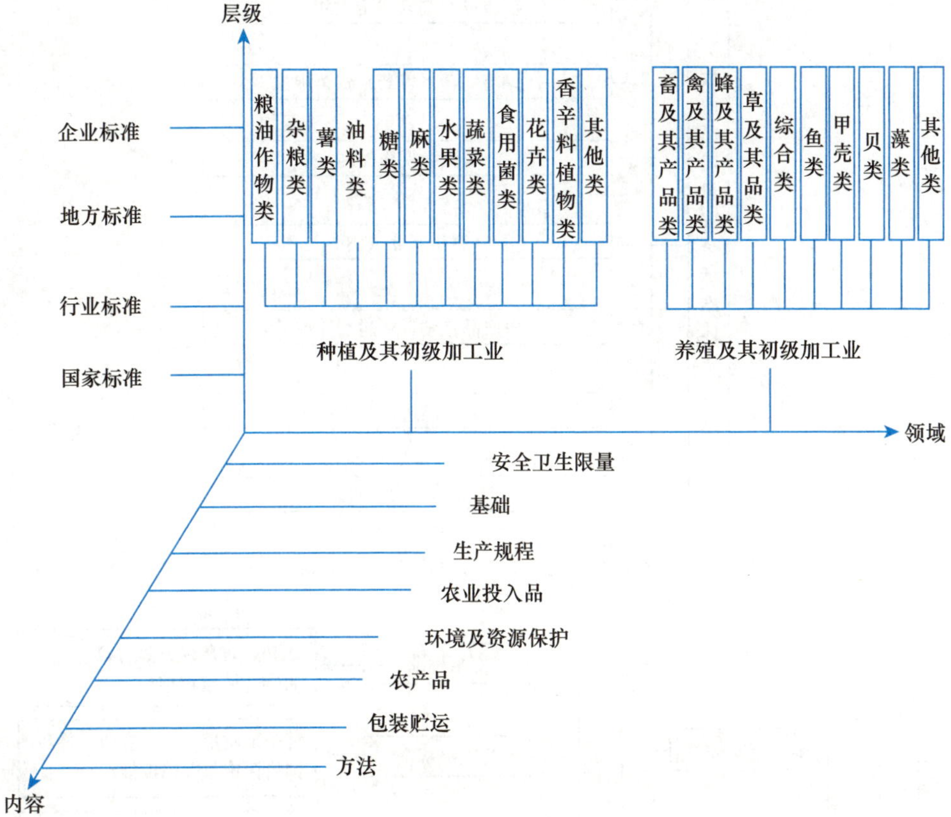

图 2-3　我国农产品质量安全标准体系立体框架结构

5.国外发达国家和地区农产品质量安全体系简介

(1)欧盟的农产品质量安全标准体系

欧盟农产品质量安全标准体系构建中的一个重要特点是十分重视对农产品源头的管理与控制，另外还十分注意环境保护和可持续发展，尤其注重发展有机农业。其标准体系框架如图 2-4 所示。

(2)美国的农产品质量安全标准体系

在美国的农业技术标准体系中，安全标准与品质(产品)标准截然分开。安全标准以农药、兽药、微生物等危害因素在不同农产品中的允许量为主。品质标准以产品类型为划分单元，主要包括产品质量分等分级、包装运输及相关标准。目前已形成完备的标准体系(图 2-5)。

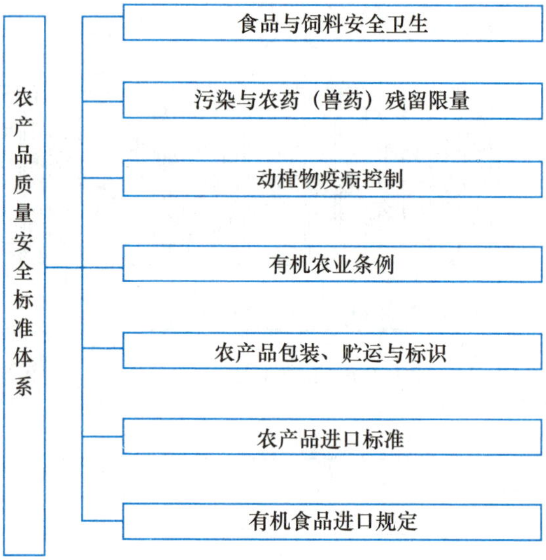

图 2-4 欧盟农产品质量安全标准体系

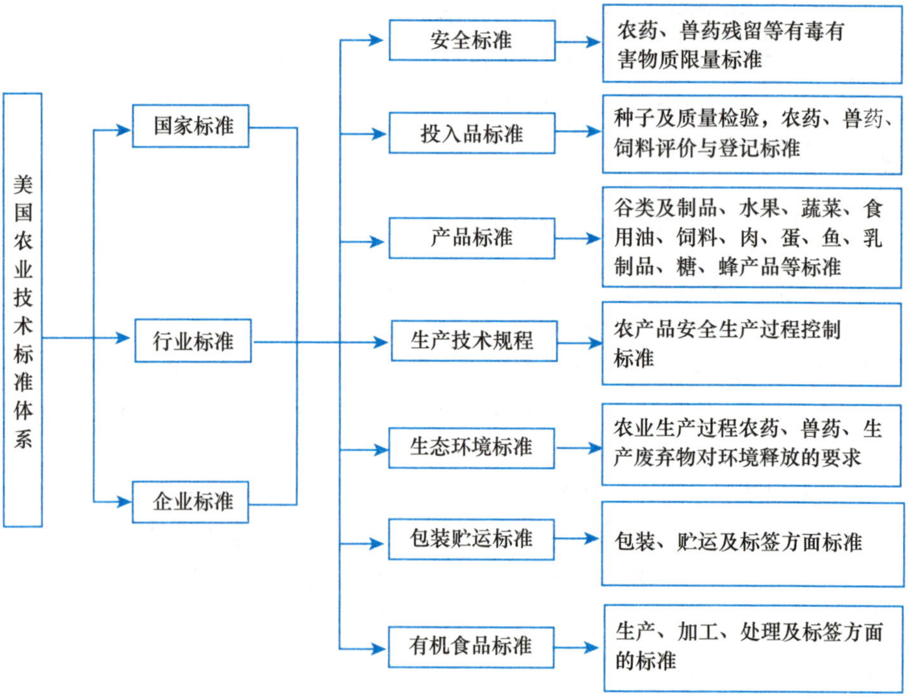

图 2-5 美国农产品质量安全标准体系框架

(二)资料准备

(1)图书馆或资料室

利用现有的图书馆或资料室以及报刊，查找有关农产品质量安全标准的信息资料。

(2)利用现有的网络

查找有关农产品质量安全标准及体系建设等方面的信息资料。

(3)通过网络

查找国外关于农产品质量安全标准及体系建设的相关介绍。

(4)教师准备的资料单

关于农产品质量安全标准及体系建设的相关文章。

(5)推荐网站

中国农业质量网、国家标准网、标准下载网、食品伙伴网、工标网、中国农业信息网等。

二、项目设计与实施

如何设计和实施学习任务？

(一)项目设计

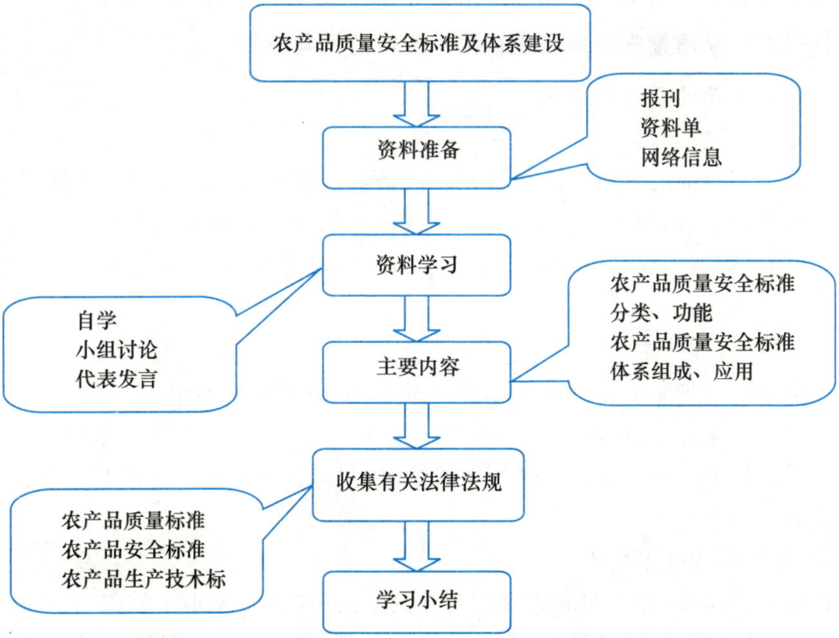

(二)项目实施

(1)安排学生课前预习农产品质量安全的概念和我国农产品质量安全标准的分类、特点、功能作用及农产品质量安全体系的概念和国内外该体系的建设情况

(2)在教师的指导下,通过多种信息渠道查询资料

关键词有:农业标准、农产品质量安全标准、农产品质量安全标准体系、概念、内容、体系框架等。

(3)汇总查找的相关资料

(4)每人写一份学习收获

(5)小组讨论,用集体的智慧完成一份较好的学习收获体会

(6)每组选一个代表,在全班讲解小组的学习路径、学习收获,组员补充收获的内容

(7)教师组织发动全班同学讨论、评价各小组的学习情况,达到全班同学共享学习资源和收获体会,巩固所学的知识内容

三、学习拓展

如何利用农产品质量安全标准体系指导生产实践?

案例:北京市某新成立的农民专业生产合作社,欲进行速冻蔬菜的生产、加工,该如何利用农产品质量安全标准体系指导生产,以保证产品的质量安全?

(一)农产品质量安全标准在蔬菜生产中的指导应用

1.蔬菜生产过程的标准应用

(1)产地环境选择

要求蔬菜产地的农田灌溉水质、加工水质、土壤环境质量和大气质量要达到我国相关标准的要求,如 GB 5084—2005《我国农田水质灌溉标准》,GB 5749—2006《生活饮用水标准》,GB 15618—1995《土壤环境质量标准》,GB 3095—2012《环境空气质量标准》等。

(2)种子管理技术

要求采购的种子应符合所要求的产品标准,并具备检疫合格证或相关的有效证明。如为自繁种子,应制定和执行相应的生产技术规程、产品质量标准,建立植物健康质量控制系统。种子的使用应符合《中华人民共和国种子法》及其配套法规的有关规定。

(3)肥料管理技术要求

根据生产需要,需施用的肥料应符合其产品标准(如 YN/T 1107—2006《大量元素水溶肥料》等),并按照科学合理的施肥方案,建立和保存肥料施用记录。

(4)栽培生产技术要求

严格遵守相应的农产品生产技术规程或规范，如 NY/T 2306—2013《茄果类蔬菜穴盘育苗技术规程》、NY/T 2409—2013《有机茄果类蔬菜生产质量控制技术规范》，进行科学合理的种植栽培。

(5)病虫害防治技术要求

必须遵守就有关农药使用规则，按照病虫害防治技术规范（如 NY/T《小菜蛾防治技术规范》等），进行病虫害防治和农药的合理使用。

2. 加工环节标准的使用

(1)原辅料标准

农产品加工企业或单位应对所使用的每一种农产品加工原辅料（如本案例中企业生产所用到每一种蔬菜、生活饮用水、包装材料等），对其标准进行收集整理、学习落实。我国大部分的农产品加工原辅料都有产品安全标准，对于目前尚无国家标准、行业标准或地方标准的特殊原料，应当索取供应方的企业标准或自行制定原辅材料企业标准，作为企业内部使用。

当采购的原辅材料等物资进厂时要进行检查验收。检验方法采用国家或行业标准规定的方法，如果没有相应的检验方法，企业可自行制定检验方法。

(2)原、辅料储存运输标准

应对农产品原辅料贮运中接触的器具和环境卫生、贮运条件等提出具体要求，并制定相应的标准或操作规范，以保证农产品加工原辅料在储藏、运输过程中避免腐烂、变质、污染等，使原辅料保持一定的新鲜程度和安全质量。有些农产品原辅料的贮存、运输有相关标准如 NY/T 2362—2013 NY/T 2362—2013《生乳贮运技术规范》、SN/T 1882.1—2007《进出口粮食贮运卫生规范第 1 部分：粮食储藏》等，企业可以直接引用标准；没有贮运标准的加工原料，企业可以根据实际情况引用相关标准、制定标准或操作规范。

(3)环境设施标准

环境设施标准是指根据产品标准要求，对企业生产设备、基础设施、工作环境和工艺装备等的技术条件、设备精度及设备维修保养后应达到的质量要求而制定的标准。农产品加工厂的环境设施对加工产品的卫生安全质量至关重要，要求工艺上合理、技术上先进，并符合国家相关法律和标准要求，在“三废”治理和环境保护等方面符合国家的有关规定，如锅炉烟尘排放应符合 GB 13271—2001《锅炉大气污染物排放标准》等。

(4)设备标准

外购设备大部分有国家及行业标准，企业应当直接引用；对无技术标准的设备、进口设备或自制设备，企业可参照设备使用说明书或有关技术参数制定设备维修保养技术规程，满足设备的日常维护和保证精度达到要求。

(5)基础设施标准

企业在进行加工厂区设计和建设时，应当按照相关标准要求进行。对产品特性起重要作用的基础设施，包括厂区设施、车间内部设施和布局、工具和管道、工作环境、卫生条件、“三废”处理等应符合相关的标准，如食用农产品加工厂的设计与设施等的基本卫生应符合 GB 14881—1994《食品企业通用卫生规范》，对于不同种类的农产品加工厂也有相应的标准规范，如 GB 12693—2010《食品安全国家标准 乳制品良好生产规范》等。

(6)工艺装备技术标准

企业对自制的工艺装备应制定技术标准或维修保养技术规程，同类设备可以制定“设备通用技术标准”。

(7)生产加工标准

不同的农产品，生产过程和加工工艺也不同，各种农产品的加工都要按照其工艺和技术要求制订符合企业实际情况的标准和工艺规程(如 GB/T 31273—2014《速冻水果和速冻蔬菜生产管理规范》)，生产加工过程中要严格执行，并按标准要求进行安全卫生管理。

(8)包装标准

包括包装材料及容器标准、包装过程标准和包装成品质量标准。

各国都制定了有关包装材料的卫生标准与使用条件，规定了产品包装容器的安全卫生标准和限量。企业在农产品加工中应当引用包装材料和容器标准、产品包装质量标准(如：包装的质量要求、试验方法、检验规则制订的标准)。根据工艺特点和质量安全控制的要求，制订出科学、合理的产品包装操作规程。

(9)标识标准

农产加工品标签的标注除应符合有关标签的通用标准外，还应符合有关食品标准中对标签的特殊规定。如 GB 2746—1999《酸牛乳》中，酸牛乳产品的标签按 GB 7718《食品安全国家标准预包装食品标签通则》的规定标示，还应标明产品的种类、蛋白质、脂肪和非脂乳固体的含量。加工的有机产品除应按照国家有关法律法规、标准的要求进行标识外，还应符合 GB 19630.3—2011《有机产品 标识和销售》。农产加工品在贮运时，还应在外包装上进行标识。产品包装上的标识还应符合 GB/T 191—2008《包装贮运图示标志》、GB/T 6388—1986《运输包装收发货标志》等标准。

(10)产品标准

产品标准是企业组织生产的依据，是企业和用户交货验收和质量仲裁的依据。

产品交付标准必须符合我国有关的法律法规和强制性标准的规定，企业可以采用国家标准、行业标准，也可以自行制定严于国家标准、行业标准或地方标准的企业产品标准，企业制定的产品标准应经过备案。

(11)检验标准

检验标准分为检验方法标准(如产品中的菌落总数的测定、大肠菌群测定、抗生素残留检验等要用微生物检验方法标准，如GB/T 4789.1～GB/T 4789.35系列标准)和检验标准，成品的质量应按照检验标准进行检验。

(二)认识农产品加工过程的质量控制管理标准

要保证加工农产品的品质，加工过程的质量控制非常重要。目前，国际农产品加工标准已经从以前的产品、方法标准发展到相当多的控制管理标准，主要有良好操作规范(GMP)、卫生标准操作规范(SS0P)、危害分析与关键控制点(HACCP)和ISO 9000标准等，这些标准已经在我国农产品加工业特别是食品工业中得到推广应用。

1. 良好作业规范(GMP)

良好作业规范是为保障食品安全、质量而制订的贯穿食品生产全过程的一系列措施、方法和技术要求，它要求生产企业在加工、包装及贮运产品等过程中，有关人员配置卫生、加工过程、产品质量等方面的管理均能符合良好的生产规范，防止产品在不卫生条件下或可能引起污染及品质变坏的环境下生产，确保产品的安全卫生和品质稳定，确保产品的质量符合标准。

GMP的核心是强调以预防为主，要求加强企业人员树立“任何食品质量的形成都是设计和加工出来的，而不是检验出来的”观念。其基本内容涉及以下6个方面。

(1)系统培训

人员机构的设置、人员的资格以及教育培训的开展。

(2)设计与设备

工厂的选址、周围的环境、生产区与生活区的布局等；厂房及车间配置；厂房建筑、地面与排水；屋顶及天花板、墙壁与门窗；采光、照明设施；通风设施、供水设施；污水排放设施、废弃物处理设施等。

(3)原料与成品贮存、运输

原料的采购、运输、购进、贮存等；半成品和成品的贮存和运输等。

(4)生产加工过程

生产加工操作规程的制定与执行；原料、辅料处理；生产加工作业的卫生要求等。

(5)品质管理

包括质量管理手册的制订与执行、原材料的品质管理；专业检验设备管理、加工中的品质管理;包装材料和标志的管理、成品的品质管理;贮存、运输的管理;售后意见处理和成品回收以及记录的处理程序等。

(6)卫生管理

包括卫生制度、环境卫生、厂房卫生、生产设备卫生、辅助设施卫生、人员卫生及健康管理等。

2.卫生标准操作规范(SSOP)

卫生标准操作规范(Sanitation Standard Operating Procedure,SSOP)是指企业为了达到GMP所规定的要求,保证所加工的食品符合卫生要求而制订的,用于指导食品生产加工过程中如何实施清洗、消毒和卫生保持的作业指导文件。它描述了一套特殊的与食品卫生处理和加工厂环境的清洁程度有关的目标及所从事的满足这些目标的活动和操作规范。

SSOP主要包括以下8个内容:加工用水和冰的安全;与食品接触物(包括设备、手套和工作服)的清洁卫生;防止交叉污染;洗手、手消毒和卫生设施;防止食品被污染物污染;有害化合物(洗涤剂、消毒剂、杀虫剂)的标记、贮存和使用;雇员的健康与卫生控制;害虫(虫、鼠等)的控制及去除。

3.危害分析与关键控制点(HACCP)

HACCP在国际上被认可为控制由食品引起疾病的最有经济效益的方法,并由此获得FAO/WHO联合食品法典委员会(CAC)的认同,目前已在美国、欧盟、俄罗斯、加拿大、日本、澳大利亚、新西兰等国得到推广,从最初的食品行业扩展到供水行业、饲料行业及医疗防疫等行业,应用范围不断扩大。

HACCP不是一个独立存在的系统,它必须建立在良好操作规范(GMP)和卫生标准操作规范(SSOP)的基础上。GMP和SSOP是企业建立以及有效实施HACCP的基础条件,只有三者有机地结合在一起,才能构筑出完整的食品安全预防控制体系(HACCP体系)。

(1)HACCP的产生和发展

HACCP是Hazard Analysis Critical Control Point的缩写,即危害分析与关键控制点。HACCP是以预防食品安全问题为基础的食品控制体系,是一种控制由食品污染引起疾病的最有效方法。HACCP系统起源于1959年,是由美国与Pillsbury公司与美国航空航天局、美国空军Natick实验室联合开发太空食品时建立的。1971年,Pillsbury公司在美国国家食品保护会议上首次提出了HACCP体系;1972年,美国加利福尼亚州的Poster农场建立了自己的HACCP体系,1973年,美国食品与药品管理局(FDA)在酸性及低酸性罐头食品生产中应用了HACCP体系,1974年以后,HACCP概念开始大量出现在科技文献中。

美国是应用 HACCP 原理最早的国家。1989 年，美国食品安全检验署(FSIS)起草并发布《用于食品生产的 HACCP 原理的基本准则》和《食品生产的 HACCP 原理》;1991 年，FSIS 提出《HACCP 评价程序》;1994 年，FSIS 公布了《冷冻食品 HACCP 一般规则》。1994 年，FDA 发表了《HACCP 在食品工业中的应用进展》，并将其作为工业部门培训和执行 HACCP 原理的法规。该法规历经修改和完善，形成了 HACCP 七项基本原理。1995 年，FDA 颁布了一项《安全与卫生加工进口海产品的措施》的食品法规，要求所有海产品加工者必须执行 HACCP。1993 年，FAO/WHO 联合创建的食品法典委员会(CAC)开始鼓励各国使用 HACCP，其下属机构——食品卫生委员会起草了《应用 HACCP 原理的指导书》，对 HACCP 体系中常用的基本术语、发展 HACCP 体系的条件、关键控制点决策树的使用等内容进行了详细的规定，其中包括目前在全世界执行的 HACCP 七项基本原理。同年，欧洲联盟通过了关于在食品生产应用 HACCP 体系的决定，并于 1995 年 12 月起对各类进出口食品执行这一体系;1997 年，CAC 制定了《HACCP 体系及其应用准则》。加拿大、日本、新西兰、荷兰、澳大利亚、挪威、泰国等国家都相继颁布了要求在食品企业中实施 HACCP 体系的有关法规。

1988 年，中华人民共和国检验检疫部门引进与学习了国际食品微生物标准委员会对 HACCP 体系基本原理所做的详细叙述。并多次参加了国际会议和相关知识的培训。1990 年，原国家进出口商品检验局科学技术委员会的食品专业技术委员会，制定了《在出口食品生产中建立 HACCP 质量管理体系导则》，并制定了用于 9 种食品加工业的 HACCP 体系的具体实施方案，在全国范围内进行广泛讨论和试行。目前，HACCP 体系已经成为中华人民共和国商检食品安全控制的基本政策，中国检验检疫局将建立与美国、欧盟等发达国家相对等的食品安全和品质管理体系。

在食品企业中实施 HACCP 系统对改善我国食品卫生状况、提高食品安全性和保障食品安全，具有广泛而深远的意义。因为，HACCP 是涉及食品安全的所有方面(从原材料、种植、收获和购买到最终产品使用)的一种系统化方法，并且可降低产品损耗。HACCP 是一种结构严谨的控制体系，可以最大限度地消除或减少食源性疾病的危害，是保证生产安全食品的最有效、最经济的方法。同时，HACCP 体系为食品企业和政府监督部门提供了一种最理想的食品安全监测和控制方法，使食品质量管理与监督体系更完善、管理过程更科学。

一方面，由于各食品生产企业的规模、性质及原有管理基础的差异，体系的管理程序和方法都不可能一样;另一方面，由于食品的种类繁多，即使对同一种食品，由于原材料采集途径不同，生产(加工)的设备或工艺等因素不同，其危害分析

(HA)和关键控制点(CCP)也是不一样的。因此,应根据具体情况制订 HACCP 计划。

(2)HACCP 基本术语

HACCP 是一个确定、评估和控制哪些重要的食品安全危害的系统。食品法典委员会(CAC)在《HACCP 体系及其应用准则》中规定的 HACCP 基本术语有:

①控制(Control 动词)。采取一切必要行动,以保证和保持符合 HACCP 计划所制定的指标。

②控制(Control 名词)。遵循正确的方法和达到安全指标时的状态。

③控制措施(Control Measure)。用以防止或消除食品安全危害或将其降到可接受的水平所采取的任何行动和活动。

④关键控制点(Critical Control Point)。可进行控制,并能有效防止或消除食品安全危害,或将其降低到可接受水平的必需的步骤。

⑤纠偏行动(Corrective Action)。监测结果表明关键控制点(CCP)失控时,在 CCP 上所采取的措施。

⑥关键限值(Critical Limit)。区分可接受与不可接受水平的指标。

⑦偏离(Deviation)。不符合关键限值。

⑧流程图(Flow Diagram)。生产或制造特定食品所用操作顺序的系统表达。

⑨HACCP 计划(Hazard Analysis Critical Control Point Plan)。根据 HACCP 原理所制定的,用以确保所考虑食品链的各环节中对食品有显著意义的危害予以控制的文件。

⑩危害(Hazard)。食品中产生的、潜在的对人体健康有危害的生物、化学或物理因素或状态。

⑪CCP 判断树(Critical Control Point Decision Tree)。用来确定一个控制点是否是 CCP 的问题次序。

⑫危害分析(Hazard Analysis)。收集和评估导致危害及危害存在的条件的过程,以便决定哪些对食品安全有显著意义,从而应被列入 HACCP 计划中。

⑬监控(Monitro)。为了确定 CCP 是否处于控制之中,对预定控制参数所做的有计划的、连续的观察或测量活动。

⑭步骤(Step)。包括原材料及从初级生产到最终消费的食品链中的某个点、程序、操作或阶段。

⑮确认(Validation)。获得证据,证明 HACCP 计划的各要素是有效的过程。

⑯验证(Verification)。除监控外,用以确定是否符合 HACCP 计划所采用的方法、程序、测试和其他评估方法的应用。

(3)HACCP的基本原理

HACCP方法现已成为世界性的食品质量控制管理的有效办法。HACCP原理经过实际应用与修改,被食品法典委员会(CAC)确认,由以下7个基本原理组成。

原理1:进行危害分析。从食品原材料的生产到食品消费的各个阶段,所有涉及食品安全性的显著危害进行分析,并针对这些危害采取具体有效的预防措施,对其加以控制。

原理2:确定关键控制点(CPP)。CCP是指在食品生产到消费过程中能进行有效控制的某一个点、步骤或工序,并且每一个CCP所产生的危害都可以被控制、消除或降低至可接受的水平。每个显著危害都必须加以控制,但产生显著危害的点、步骤或工序不一定都是CCP。CCP可以通过CCP判断树进行确定。

原理3:确定关键限值(CL)。制定为保证各CCP处于控制之下的而必须达到的要求。如:温度、时间、湿度、水分活度、pH、细菌总数等。生产过程中如果偏离了CL,必须采取相应的纠偏措施才能保证食品的安全性。

原理4:建立监控关键控制点的程序。通过一系列有计划的测试或观察,以评估CCP是否处于被控制状态,并做好测试或观察记录,作为进一步评价的基础。同时,应保证监控的有效性。

原理5:建立关键控制点失控时所采取的纠偏措施。当监控过程中发现某一CCP超出控制范围时应根据预先确定的纠偏行为计划进行纠偏,减少或消除失控所导致的潜在危害,使生产过程重新处于控制之中,同时要做好和保留纠偏过程的执行记录。

原理6:建立验证HACCP体系是否正确运行的程序。审核整个HACCP计划的全面性和有效性,确证HACCP体系是否处于正常的运转,确保每个CCP都按计划严格准确执行。

原理7:建立有效的记录保存体系。在具体实施HACCP体系中,必须做好例行的、规定的各种记录,同时还要求将计划准备、执行、监控、记录及相关信息与数据文件等所有操作程序、记录完整地保存。

4. ISO 9000质量管理体系

ISO全称是International Organization for Standardization,翻译成中文就是“国际标准化组织”。ISO是世界上最大的国际标准化组织,总部设在端士的日内瓦。

ISO 9000不是指一个标准,而是一族标准的统称。根据ISO 9000—1:1994的定义:ISO 9000族是由ISO/TC 176制定的所有国际标准。作为食品企业,只需选用如下三个标准之一：

ISO 9001—1994《质量体系——设计、开发、生产、安装和服务的质量保证模式》；主要防止从设计到服务的所有阶段中出现不合格产品。

ISO 9002—1994《质量体系——生产、安装和服务的质量保证模式》；注重产品生产的过程控制能力。

ISO 9003—1994《质量体系——最终检验和试验的质量保证模式》，要求建立一个对产品检验和试验的质量体系并使其有效运转。

食品企业实施 ISO 9000 质量管理体系的作用：

①可以预防不合格产品或服务的发生，提高单位信誉程序；

②一次把工作做好，以最少的成本赚取最大的利润；

③可以减少临时救急的情况，有利于把管理者从日常的琐事中解脱出来，多考虑单位的发展前景；

④可以系统化管理，将本单位或其他单位的经验纳入到一套文件化的质量体系之中，用于培训员工，规范员工的工作程序，减少工作失误，提高工作效率；

⑤可以有效地发现和解决质量问题，防止相同的错误重复发生；

⑥为使员工一次就做好工作提供了手段；

⑦能够方便快捷地向顾客提供用来证实产品和服务质量的客观证据；

⑧为质量管理体系评价者、顾客代表和发生法律诉讼时的律师提供事实证据；

⑨可以定期检查本单位的工作情况，及时发现改进工作和产品质量的机会。

食品企业获得 ISO 9000 质量管理体系认证的好处：

①为了获得认证，企业必须请经认可机构认可的质量体系认证机构对其质量体系进行审核，因此必须严格按照规范化的程序开展工作，有利于企业管理绩效的提高；

②更容易得到市场和顾客的认同；

③可以在公开媒体上宣传其认证资格，有利于提高市场形象；

④由于认证审核的目的是检查质量体系是否具备确保产品满足顾客要求的能力，因此质量管理体系认证相当于顾客对单位的考察；

⑤获证企业将能够在项目招标中获得某种优势；

⑥可以理直气壮地提供对产品和服务质量的承诺，从而为其带来更多的顾客，扩大其市场份额；

⑦获证企业必须接受来自认证机构的定期监督，以验证其质量体系持续满足标准的要求，并得到了不断改进。这种来自认证机构的定期监督对获证企业的质量体系的保持发挥了重要作用；

⑧ISO 9000 证书得到了世界范围的承认，有利于开发国际市场；

⑨质量体系认证可以为获证企业减少来自顾客的重复评定；

⑩向其他单位提交作为原材料的产品时，可以减少接收单位的考察、监督，并降低进货检验的控制程度，从而减少了一定的成本投入。

5. ISO 14011 环境管理体系概述

ISO 14011 环境管理体系（environmental management system）的英文缩写是 EMS。各类组织都可能有证实环境责任的需要。环境管理体系（EMS）概念和相应的环境审核实践，为满足这一需要提供了一种途径。建立这些体系，旨在帮助组织制定并持续满足其环境方针、目标、标准和其他要求。本标准提供了进行 EMS 审核的程序，它对实施 EMS 的各种类型和规模的组织都是适用的。

（1）范围

本标准规定了一套用于计划和实施 EMS 审核的程序，以判定体系是否符合 EMS 审核准则。

（2）引用标准

本标准引用下列标准的有关条款。本标准发布时，这些引用标准均为有效版本。所有标准都将修订，因此，鼓励依据 GB/T 24001 达成协议的各方尽可能采用下列标准的最新版本。IEC 和 ISO 成员均持有现行有效的国际标准。

GB/T 24001—1996 环境管理体系　规范及使用指南

GB/T 24010—1996 环境审核指南　通用原则

GB/T 24012—1996 环境审核指南　环境审核员资格要求

（3）定义

GB/T 24010 和 GB/T 24001 中的定义与下列定义均适用于本标准。

环境管理体系（environmental management system）。整个管理体系的一个组成部分，包括为制定、实施、实现、评审和保持环境方针所需的组织机构、计划活动、职责、惯例、程序、过程和资源（GB/T 24001—1996）。

环境管理体系审核（environmental management system audit）。客观地获取审核证据并予以评价，以判断一个组织的环境管理体系是否符合所规定的环境管理体系审核准则的一个以文件支持的系统化验证过程，包括将这一过程的结果呈报委托方。

环境管理体系审核准则（environmental management system audit criteria）。审核员用来作为参照，与所收集到的关于该组织环境管理体系审核证据进行比较的方针、惯例、程序或要求，如 GB/T 24001 中提到的要求，以及其他适用的环境管理体系要求。

任务二 农产品质量安全监管体系

一、学习准备

（一）知识准备

认识农产品质量安全监管体系组成及建设现状

1. 农产品质量安全监管体系的概念及建设意义

农产品质量安全监控体系是为了对农产品量安全实施监控，由相关组织机构、管理职责、监控程序、过程和资源构成的有机整体。

建立和完善农产品质量安全监控体系，科学标准地使用化学投入品，减少对环境的污染，合理利用资源，使农业的产前、产中、产后全过程都纳入质量安全监控管理的轨道，才能促进农业生态循环经济发展，提高农产品的质量安全水平，增强其国际竞争力，促进农产品出口贸易发展。也是推进农业结构调整、提高农业效益、统筹城乡经济社会协调发展、加快建设现代农业的迫切需要，是突破新的国际技术壁垒的必然要求。

2. 建立农产品质量安全监控体系的总体思路

紧紧围绕净化产地环境、保证投入品质量、规范生产行为、强化监测预警、严格市场准入等关键环节，健全农产品安全法律法规体系、管理体制、标准体系、检测体系、认证体系、技术创新支持体系、市场信息服务体系，政府、产业界、消费者、媒体、教育和科研机构等有关各方密切配合、相互协作，建立和完善“从农田到餐桌”的全程控制体系，确保农产品质量安全。

3. 农产品质量安全监控体系的建立基本原则

（1）实施国家农产品质量安全控制战略

国家农产品质量安全框架的有效运行，需要在国家总体战略的高度了解现行农产品质量安全存在的问题及其严重程度，有效掌握所需的适宜社会经济条件，以及合理的农产品质量安全控制体系的发展情况。

（2）对生产者和产品实施双重监督

建立以预防为主，统一、动态、主动和有效的农产品质量安全监控体系，政府进行有效的监督管理，增强生产者的法律责任意识和自律性，提高消费者的质量安全意识。

(3)对农产品生产全过程进行监督

目前，国际上公认的农产品质量安全最佳控制模式是“从农田到餐桌”的全过程控制，在实施“良好农业规范(GAP)”、“良好兽医规范(GVP)”、“良好生产规范(GMP)”和“良好卫生规范(GHP)或标准卫生操作程序(SSOP)”的基础上，推行“危害分析和关键控制点(HACCP)”认证。政府管理者负责制定和实施法律法规，并通过控制和监督活动，监控农产品质量安全体系的实施效果。

(4)以风险分析为基础

以风险为基础的农产品质量安全控制方式能更好地保护消费者，并且对产业界和政府而言，不仅在成本上是可行的，从长期来看也是有效率的。

(5)重视发挥社会力量对农产品质量安全监管

农产品质量安全的实现，有赖于社会上每一个人的积极参与和努力。生产者、加工企业和流通业者严格履行法律责任，通过自己的声誉来积极维护农产品质量安全，是农产品质量安全监控体系有效运转的核心。各种形式的中介组织对于农产品市场的监督，以及相关信息和农产品质量安全技术的推广，也具有重要的作用。

4.农产品质量安全监控体系的组成

根据农产品质量安全监控的基本原理和质量监控目标，从法制建设、组织体制、管理模式以及监控方式等方面入手，构建农产品质量安全监督管理框架，建立和实施以预防为主，科学、高效和动态的农产品质量安全监控体系(图2-6)。

该体系以法律法规体系为保障，标准、技术体系为技术支撑，检验检疫体系为手段，认证认可体系为规范，市场安全信息体系为服务，结构完善，机制合理，相互协调，有机衔接，功能强大，运行有序高效。

5.我国农产品质量安全管理体系的现状

(1)农产品质量监管体系初步建立

食品与药品监督管理局(食药监局)、农业部、卫生部、国家质检总局和商务部等部门和机构共同组成了我国的农产品质量安全监管体系，每个部门和机构都自己的职能范围和权限，在省市县都设有分支机构，各部门和机构之间互相配合、相互支持，共同向国务院汇报工作。目前全国已有86%的地市、71%的县市、97%的乡镇建立了监管机构，落实专兼职监管人员11.7万人。

(2)检测检验体系正在加强

1985年，国务院颁布了《产品质量监督试行办法》，农业部成立了专门的管理机构，加大了资金投入，筹建了一批检测机构，目前以部、省、县三级配套的标准检验体系已基本组建。经过多年的发展，我国农产品质量安全检测检验体系逐步完善，形成了一套内含农产品质量安全评价、市场信息搜集与分析、农产品技术服务

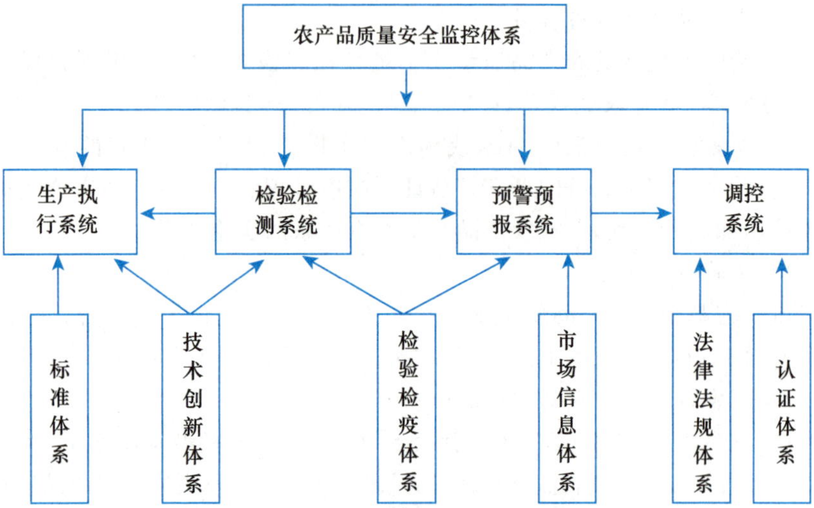

图 2-6 农产品质量安全监控体系构成

和农业农产品人才培训的综合性检验检测体系，检测能力基本满足了我国农业发展及农产品质量安全检测的需要。

(3)质量认证工作取得一定进展

目前我国的农产品认证种类较多，在产品认证方面主要有无公害农产品认证、无公害农产地认证、绿色食品认证、有机食品认证和 QS 质量安全认证等；在体系认证方面，主要有危害分析与关键点(HACCP)认证、投入品良好生产规范(GMP)认证和中国良好农业规范(China GAP)认证、卫生标准操作规范认证(SSOP)、ISO 9000 体系认证和 ISOMOOO 体系认证等。

监管方面，不断完善标准体系，加快推进标准实施示范和“三品一标”(指无公害农产品、绿色食品、有机农产品、农产品地理标志，下同)认证，截至 2014 年底“三品一标”总数已达到 10.7 万个。强化“三品一标”认证和监管，规范认证程序，严格证后监管，“三品一标”跟踪抽检合格率达到 99%以上。

(4)法律法规不断完善

完善的法律法规是开展农产品质量安全管理的基础和保障，针对农产品质量安全管理的方方面面，我国政府陆续颁布了各种相关法律法规，可以说我国农产品质量安全的立法过程是由无到有的，经历了从综合到专门的立法过程。

(二)资料准备

(1)图书馆或资料室

利用现有的图书馆或资料室以及报刊，查找有关有机农产品的信息资料。

(2)利用现有的网络

查找有关农产品质量安全监管体系方面的信息资料。

(3)通过网络

查找国外关于农产品质量安全监管方面的相关介绍。

(4)教师准备的资料单

关于农产品质量安全监管体系的相关文章。

(5)推荐网站

中华人民共和国农业部农产品质量安全监管局、中国农产品质量安全网等。

二、项目设计与实施

如何设计和实施学习任务?

(一)项目设计

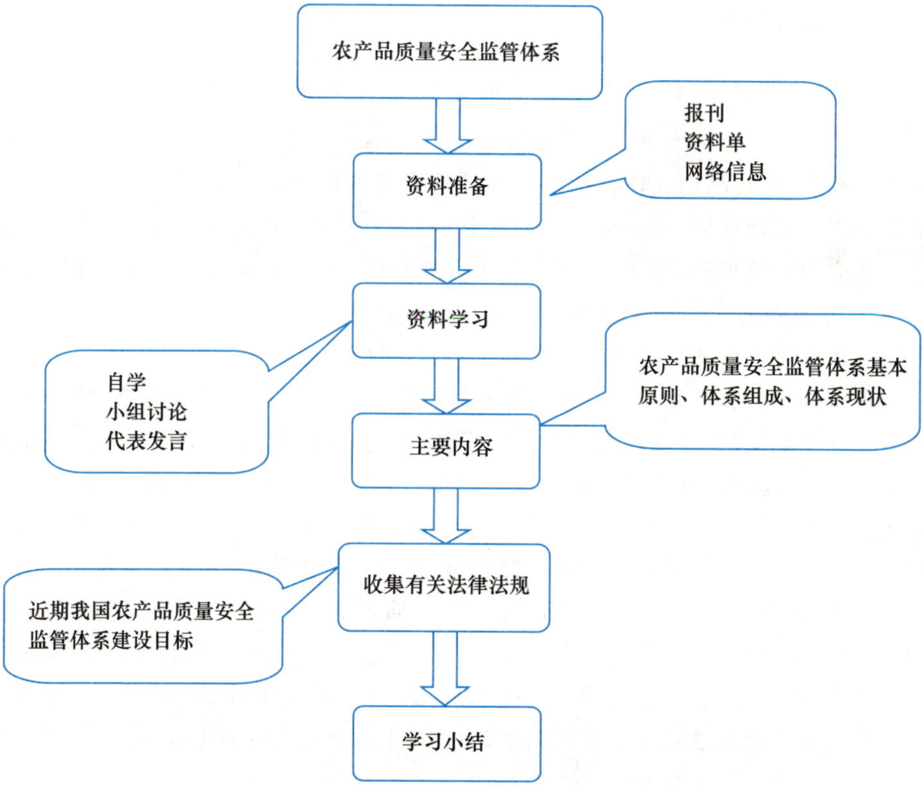

(二)项目实施

(1)安排学生课前预习农产品质量安全监管体系有关内容

(2)在教师的指导下,通过多种信息渠道查询资料

关键词有:农产品质量安全监管、监管体系原则、监管体系构成、国内外农产品质量安全监管体系等。

(3)汇总查找的相关资料

(4)每人写一份学习收获

(5)小组讨论,用集体的智慧完成一份较好的学习收获体会

(6)每组选一个代表,在全班讲解小组的学习路径、学习收获,组员补充收获的内容

(7)教师组织发动全班同学讨论、评价各小组的学习情况,达到全班同学共享学习资源和收获体会,巩固所学的知识内容

三、学习拓展

了解近阶段我国农产品质量安全监管体系建设目标

1.严格落实食用农产品属地监管职责

省级农业、食品药品监管部门联合推动市县两级政府抓紧落实食用农产品质量安全属地管理责任,将食用农产品质量安全监管纳入县、乡政府绩效考核范围,建立相应的考核规范和评价机制。每年组织开展一次农产品质量安全监管工作联合督查,切实推动监管责任落实。

2.建立健全农产品质量安全全程监管制度机制

进一步完善农产品质量安全监管制度机制出发,按照农产品生产经营链条,从产地环境管理、农业投入品监管、生产过程管控、包装标识、准入准出等方面做出明确规定。强化关键点的监管,对产地环境加强监测和普查,实施污染治理,在重污染区要逐步调整种植结构。对农业投入品严格管控,认真执行安全间隔期(休药期)、生产档案记录等制度。在农产品收购、储存、运输环节,推进产地准出和市场准入管理,建立健全进货查验、质量追溯和召回等制度,把农产品产销各个环节中的生产档案、包装标识、产地准出、索证索票等信息全部串联衔接起来,实现农产品从生产到市场的全链条质量跟踪。推动诚信体系建设,鼓励农产品生产企业和农业产业化龙头企业建立安全信用档案,积极推进农产品包装标识制度。

3.继续推进农业标准化

强化园艺作物标准园、畜禽养殖标准化示范场、水产标准化健康养殖示范场和

农业标准化示范县建设建设，加强对农业产业化龙头企业、农民合作社、家庭农场等规模化生产经营主体的技术指导和服务，充分发挥其开展标准化生产的示范引领作用。积极发展优质安全农产品品牌，对安全优质农产品生产、绿色防控技术推广等给予支持。积极发展无公害农产品、绿色食品、有机农产品、地理标志农产品，为消费者提供更多更好的优质农产品。这些“治本之策”的实施，对促进我国现代农业发展，维护生态和谐，保障人民群众身体健康，必将起到重要的推动作用。

4. 加快建立食用农产品质量追溯体系

农业部门按照职责分工，加快建立食用农产品质量安全追溯体系。率先在“菜篮子”产品主产区推动农业产业化龙头企业、农民专业合作社、家庭农场开展质量追溯试点，优先将生猪和“三品一标”食用农产品纳入追溯试点范围，推动食用农产品从生产到进入批发、零售市场或生产加工企业前的环节可追溯。食品药品监管部门在有序推进食品安全追溯体系建设的同时，积极配合农业部门推进食用农产品质量安全追溯体系的建设，并通过监督食用农产品经营者建立并严格落实进货查验和查验记录制度，做好与农业部门建设的食用农产品质量安全追溯体系的有机衔接，逐步实现食用农产品生产、收购、销售、消费全链条可追溯。

5. 深入推进突出问题专项整治

农业、食品药品监管部门针对食用农产品在生产、收购、销售和消费过程中存在的突出问题，有计划、有步骤、有重点地联合开展专项治理整顿。始终保持高压态势，严厉惩处各类违法违规行为。

6. 加强监管能力建设和监管执法合作

加快建立健全基层食用农产品质量安全监管和食品安全监管队伍，着力提高基层食用农产品质量安全和食品安全监管能力。农业、食品药品监管部门建立食用农产品质量安全监管信息共享制度，定期和不定期互换食用农产品质量安全监管中的相关信息。建立风险评估结果共享制度，加强食用农产品质量安全风险交流合作。建立违法案件信息相互通报制度，密切行政执法的协调与协作。加强应急管理方面的合作，开展食用农产品质量安全（食品安全）突发事件应急处置合作和经验交流。共同建立、完善食用农产品质量安全监管统计制度，强化统计数据共享。

7. 强化检验检测资源共享

农业部门和食品药品监管部门根据农产品质量安全监管工作需要，可共享农业系统和食品药品监管系统建立的农产品质量安全检测机构和食品安全检验机构。

8. 加强舆情监测和应急处置

农业、食品药品监管部门加强食用农产品质量安全突发事件、重大舆情跟踪监测，建立重大舆情会商分析和信息通报机制，及时联合研究处置突发事件和相关舆情热点问题。两部门根据科普宣传工作的需要，加强农产品质量安全科技知识培训和法制宣传。全面普及食品科学知识，指导公众放心消费。

9. 建立高效的合作会商机制

农业部、食品药品监管总局建立部际合作会商机制，成立分别由两部门主管食用农产品质量安全监管工作的部级领导任组长的领导小组，积极推动和明确食用农产品质量安全监管工作的协调与合作事宜。

四、评价反馈

如何评价学习成果？

（一）自我评价

1. 为了完成农产品质量安全标准体系、监管体系的学习任务，你都做了哪些准备

①查找了哪些资料？

②你有哪些设想？

2. 运用所学的知识，挑选我国农产品质量安全标准或监管体系中你最感兴趣的一项，进行有关内容的搜集整理

①它们的内容或组成是什么？

②它们的建设现状及功能发挥如何？

③如何为你的生产实践提供帮助？

3. 通过自学、讨论和调研，你有什么收获

（二）小组评价

从学习态度、学习方法、团队合作和学习能力的提升等方面评价。

序号	评价项目	评价情况
1	与其他同学口头交流学习内容是否流畅	
2	是否尊重他人	
3	学习态度是否积极主动	
4	是否服从教师的教学安排	
5	能否正确理解有关概念和内涵	
6	是否掌握质量安全标准的学习使用方法	
7	能否结合本单位生产实践制定所需标准一览表	

续表

序号	评价项目	评价情况
8	能否结合生产实践认识总结体系建设现状	
9	是否能保持学习环境的干净整洁	
10	是否遵守学习场所的规章制度	
11	是否有工作岗位的责任心	
12	是否达到全勤	
13	团队学习中主动与合作的情况如何	
14	能否主动参与教学场所的清洁和整理工作	

参与评价的同学签名________________

(三)综合评价

1. 教师评价

(1)对整个学习内容的小结归纳

(2)对学习过程的总体评价

教师签名________________

2. 学生评价

(1)对教师授课效果的评价

(2)对学习效果的评价

学生签名________________

模块三　优质农产品生产

项目四　无公害农产品生产

项目五　绿色农产品生产

项目六　有机农产品生产

项目七　地理标志农产品生产

项目四　无公害农产品生产

【学习目标】

完成本学习任务后，你应该能：

1. 牢记无公害农产品的概念和标识
2. 熟悉无公害农产品的生产关键技术
3. 学会无公害农产品的标准内容和认证程序
4. 发现并会分析无公害农产品生产、销售过程中的问题，提出解决的办法

【工作任务描述】

华北地区在新型职业农民培养过程中，需要通过培训，让职业农民认识无公害农产品的内涵、标志；通过现场指导，监控农产品生产全过程的安全性，按照无公害的标准生产农产品；指导农民进行无公害农产品的认证及基地建设。

【思维导图】

任务一 学习无公害农产品的概念与标志

一、学习准备

无公害农产品的概念和标志

(一)知识准备

1. 概念

(1)公害

凡是污染和破坏环境对公众的健康、安全、生命及公私财产等造成的危害均称为公害。典型现象有大气污染、恶臭、噪声、水质污染、振动、土壤污染和地基下沉7种。"公害"一词,在中国1978年颁布的《宪法》中首次使用,1979年颁布的《环保法(试行)》,也有"防治污染和其他公害"的规定。日本在1967年《公害对策基本法》中,将"公害"定义为:由于事业活动和人类其他活动产生的相当范围内的大气污染、水质污染(包括水的状态以及江河湖海及其他水域的底质情况的恶化)、土壤污染、噪声、振动、地面沉降(采掘矿物所造成的下陷除外)以及恶臭(后又规定,妨碍日照、通风等)对人体健康和生活环境带来损害。

(2)无公害农产品(食品)

是指经省一级农业行政主管部门认证,允许使用无公害食品标志,无污染、绿色、农药和重金属均不超标的农产品及其初加工产品的总称。无公害产品主要以初级产品为主,如猪肉、鸡蛋、大米、蔬菜、水果、鱼类产品等未经加工的产品。

广义的无公害农产品包括有机农产品、自然食品、生态食品、绿色食品、无污染食品等。无公害农产品生产过程中允许限量、限品种、限时间地使用人工合成的安全的化学农药、兽药、肥料、饲料添加剂等,它符合国家食品卫生标准,但比绿色食品标准要宽。无公害农产品是保证人们对食品质量安全最基本的需要,是最基本的市场准入条件,普通食品都应达到这一要求,无公害农产品的质量要求低于绿色食品和有机食品。

2. 无公害农产品的特点

无公害农产品的农业产地符合一定条件、生产符合一定规范、产品符合一定标准，认证符合一定程序的，取得合法环境品质优良特征标志的农产品。其特点有以下几点：

①无公害农产品既要有优质农产品的营养品质，又要有健康安全的环境品质。

②无公害农产品是一种具有独特标志的市场准入性产品，严格有别于其他农产品，而这种独特标志包涵了其生产技术、管理办法的独特性。

③无公害农产品的生产、加工等需要一系列基本的规范、标准。

④无公害农产品需要第三方组织机构的认证。

3. 标志

图案主要由麦穗、对勾和无公害农产品字样组成，麦穗代表农产品，对勾表示合格，金色寓意成熟和丰收，绿色象征环保和安全(图 4-1)。

图 4-1　无公害农产品标识

(二)资料准备

(1)利用现有的图书馆或资料室以及报刊，查找有关无公害农产品的信息资料

(2)利用电脑、网站、Wifi 等网络环境条件，查找有关无公害农产品的概念、内涵、特征等方面的信息资料

(3)通过网络

查找国外关于无公害农产品的论述和无公害农产品相关的生态食品和环保食品的对比，查找国内有机食品、绿色食品的信息。

(4)教师准备的资料单

关于无公害食品的认识、内涵、标志的相关文章。

(5)推荐网站

中国农产品质量安全网、无公害农业网、中国有机食品网、中国有机农业网、中国绿色食品发展中心、中国绿色食品网等。

如何设计和实施学习任务?

二、项目设计与实施

(一)项目设计

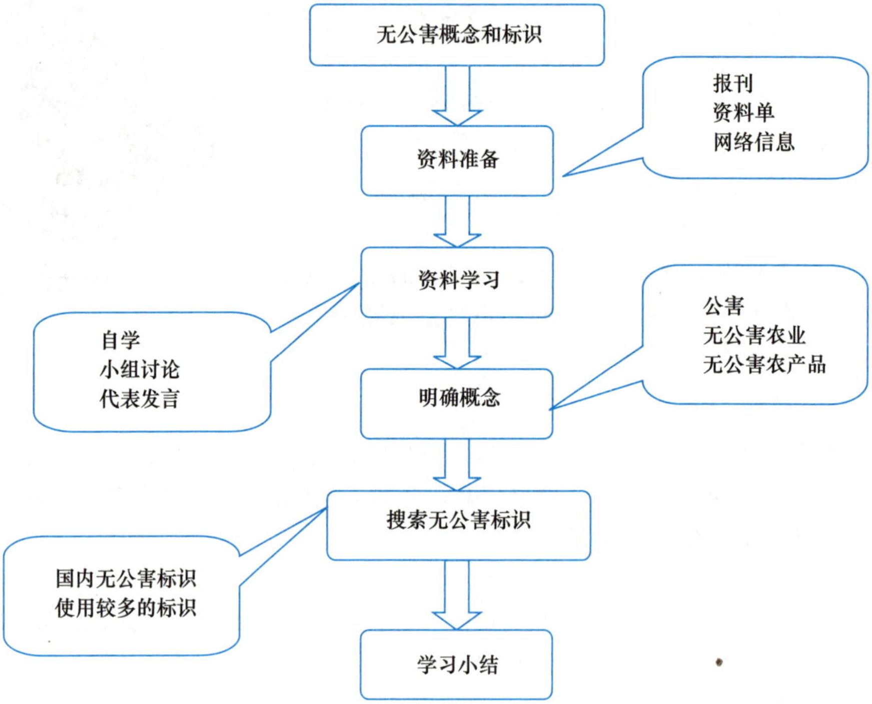

(二)项目实施

(1)安排学生课前预习无公害农产品的概念和标志

(2)在教师的指导下,通过多种信息渠道查询资料

关键词有:无公害农产品、概念、内涵、无公害标志等。

(3)汇总查找的相关资料

(4)每人写一份学习收获

(5)小组讨论,用集体的智慧完成一份较好的学习收获体会

(6)每组选一个代表,在全班讲解小组的学习路径、学习收获,组员补充收获的内容

(7)教师组织发动全班同学讨论、评价各小组的学习情况,达到全班同学共享学习资源和收获体会,巩固所学的知识内容

三、学习拓展

无公害农产品认证机构如何开展工作?

无公害农产品认证机构由国家认证认可监督管理委员会审批,并获得国家认证认可监督管理委员会授权的认可机构的资格认可后,方可从事无公害农产品认证活动。目前无公害农产品认证工作由农业部农产品质量安全中心承担,其下设种植业产品、畜牧业产品和渔业产品三个认证分中心,各省市农业主管部门也相继成立无公害农产品认证的承办机构,负责产地认定和组织产品认证申报工作,产品检测工作由受委托的100多家定点检测机构承担。无公害食品的认证工作,只有在国家工商局正式注册标识或颁发了省级法规的前提下,其认证才有法律效力。

农业部农产品质量安全中心于2002年12月经中央机构编制委员会批准成立。其主要职能是:贯彻执行国家关于农产品质量安全管理及认证等方面的法律、法规和规章制度;组织实施无公害农产品认证及产地认定工作;负责农产品地理标志登记管理的审查和专家评审工作;组织制定无公害农产品和农产品地理标志登记管理技术规范;监督管理无公害农产品标志和农产品地理标志使用;委托管理无公害农产品和地理标志农产品定点检测机构及标志印制单位;对口指导地方各级农产品质量安全工作机构、无公害农产品工作机构和农产品地理标志登记保护工作机构工作;负责无公害农产品检查员、农产品地理标志核查员培训注册管理;开展农产品质量安全信息交流和国际合作;组织实施无公害农产品和农产品地理标志证后管理监督抽查,组织开展无公害农产品和地理标志农产品包装标识监督检查;配合有关部门实施农产品质量安全执法监督管理;完成农业部交办的其他工作。农业部农产品质量安全中心内设办公室、审核处、监督处、技术处、地理标志处5个职能部门,下设3个分中心:种植业分中心、畜牧业分中心和渔业分中心。另建有全国无公害农产品认证专家评审委员会和农产品地理标志登记专家评审委员会,省级各农业、畜牧、渔业、农垦主管部门设有68个工作机构(省级农产品质量安全中心、无公害农产品管理办公室,农产品地理标志管理办公室),委托认可有165个无公害农产品检测机构和191个环境检测机构。

任务二　掌握无公害农产品的生产与初加工

一、学习准备

(一)知识准备

如何生产加工无公害农产品?

1. 无公害农业

指农事活动及其产品不对公众的生命、健康、财产安全和生活环境的舒适性等以及社会各方面造成危害的一种农业生产方式。简而言之,无公害农业就是按照一定要求组织生产、将有害物含量控制在标准规定的范围内的一种农业生产方式。

从农业和可持续发展考虑,农业生产不会对农业生态系统造成污染和破坏。为保障农产品质量安全,维护公众健康,促进农业和农村经济可持续发展,国家制订了《无公害农产品管理办法》并建立健全无公害农产品生产技术操作规程系列——即 NY/T 5000 系列和 GB/T 18400 系列。一系列措施的实施有效保证了无公害农产品生产和加工的质量,满足了国内外市场对无公害产品日益增长的需求,减少和防止农药、化肥等农用化学物质和农业废弃物对环境的污染,促进社会、经济和环境的持续发展。也为我国无公害农产品的生产、加工和认证标准化生产提供了保障。

2. 无公害农业的生产与加工

(1)无公害农产品(或产品原料)产地的选择

地址选择要考虑气候、土壤、交通和地理位置等因素。其中以气候为优先考虑条件,因为气候变化是人类难以控制的,尤其是在灾害性天气频繁发生的地区。在选择园地时,还要结合生产基地建设要求,在土地相对集中且能够连片的地区选择生产区域。

(2)无公害农产品(或产品原料)生产农药使用准则

无公害农产品生产过程中对病虫草鼠螺等有害生物防治坚持预防为主,综合防治的原则,严格控制使用化学农药。

①提倡生物防治和使用生物生化农药防治。

②推广使用高效、低毒、低残留农药。

③使用的农药必须符合国家的“三证”(农药登记证、生产许可证或生产批准证、执行标准号)要求。

④农药使用须严格按照国家标准《农药安全使用标准》和《农药合理使用准则》。

⑤每种有机合成农药在一种作物的生长期内避免重复使用。

⑥以农业部农药主管部门推荐使用的高效、低毒、低残留无公害农产品常用农药品种为主,这些品种主要用在果树、蔬菜、茶叶上,有杀虫、杀螨、杀菌三个类别,以高效、低毒、环保为选择方向。

⑦禁止使用无“三证”农药和高毒、高残留或具有三致(致癌、致畸、致突变)作用的农药(表 4-1、表 4-2)。

表 4-1 2014 年公布的无公害水果蔬菜生产禁止使用的农药名单

中文通用名	禁用性质
六六六,滴滴涕,毒杀芬,二溴氯丙烷,杀虫脒,二溴乙烷,除草醚,艾氏剂,狄氏剂,汞制剂,砷类,铅类,敌枯双,氟乙酰胺,甘氟,毒鼠强,氟乙酸钠,毒鼠硅,甲胺磷,甲基对硫磷,对硫磷,久效磷,磷胺,苯线磷,地虫硫磷,硫线磷,特丁硫磷,甲基硫环磷,治螟磷,磷化钙,硫化镁,硫化锌,甲基硫环磷,蝇毒磷	全面永久禁止使用
氯环隆,福美胂,福美甲胂	自 2015 年 12 月 31 日起禁用
胺苯磺隆,甲磺隆	单剂自 2015 年 12 月 31 日起禁用 复配剂自 2017 年 7 月 1 日起禁用

表 4-2 2014 年公布的在蔬菜、瓜果、茶叶、中草药材上不得使用或限制使用的农药名单

中文通用名	限制使用范围
甲拌磷,甲基异柳磷,内吸磷,克百威,涕灭威,灭线磷,硫环磷,氯唑磷,水胺硫磷,灭多威,氧乐果,硫丹	禁止在蔬菜、果树、茶树、中草药材上使用,禁止用于防治卫生害虫
溴甲烷	禁止在草莓、黄瓜上使用
三氯杀螨醇、氰戊菊酯	禁止在茶树上使用
丁酰肼(比久)	禁止在花生上使用
氟虫腈	除卫生用、玉米等部分旱田种子包衣剂以外,禁止在其他方面使用
毒死蜱,三唑磷	自 2006 年 12 月 31 日起禁止在蔬菜上使用

⑧防止无公害农产品生产区域以外农田使用上述禁用农药产生的交叉污染。

(3)肥料使用准则

必须按照优化配方施肥技术，以有机肥为主，以保持或增加土壤肥力及土壤生物活性。所有肥料，尤其是富含氮的肥料，应不对环境和作物(营养、食味、品质和植物抗性)产生不良后果。允许使用的肥料种类：

①有机肥：堆肥、沤肥、厩肥、沼气肥、绿肥、作物秸秆、泥肥、饼肥。

②无机肥料：矿物氮肥、矿物钾肥和矿物磷肥(磷矿粉)、石灰石：按农技部门指导的优化配方施肥技术方案配制的氮肥(包括尿素、碳铵、硫铵)、磷肥(磷酸二铵、磷酸一铵、过磷酸钙、钙镁磷肥)、钾肥和其他符合要求的无机复合肥。

③微生物肥料：根瘤菌肥料、磷细菌肥料、碳酸盐细菌肥料、复合微生物肥料；光合细菌肥料。

④叶面肥料

A. 微量元素肥料：铜、铁、锰、锌、硼、钼等微量元素及有益元素为主配制的肥料。

B. 植物生长辅助肥料：用天然有机提取液或接种有益菌类的发酵液，添加一些腐殖酸、藻酸、氨基酸、维生素、糖等配制的肥料。

⑤中量元素肥料：以钙、镁、硫、硅等中量元素肥料配制的肥料。

⑥复合肥料：以上述两种或两种以上的肥料按科学配方配制而成的有机和无机复合肥料。

(4)饲料使用规则

畜禽饲料、水产养殖使用饲料必须符合中国国家标准《饲料卫生标准》。

(5)兽药使用规则

①兽药的使用必须严格按照农业部的规定，严禁使用未取得批准文号的兽药。

②饲料药物添加剂的使用严格按照农业部发布的《允许作饲料药物添加剂的兽药品种及使用规定》严禁在饲料及饲料产品中添加未经农业部批准用于饲料添加使用的兽药品种。

③严禁以下药物用作动物促生长剂：影响生殖的激素(如性激素、促性腺激素及同化激素等)具有雌激素样作用的物质(如玉米赤霉醇等)、催眠镇静药(如安定、氯丙嗪、安眠酮等)、肾上腺素能药(如异丙肾上腺素、多巴胺及β-肾上腺素激动剂等)及农业部禁止作动物促生长剂的其他物质。

(6)无公害农产品加工过程质量控制

①产品储藏、运输、加工所用的场地、设备必须具备安全卫生、无污染条件。

②无公害农产品的加工水质必须符合 DB 44/102.1—1999 中 4.4 加工水质量

指标。

③产品在加工过程中不准使用国家禁用的化学合成的防腐剂、食品添加剂和人工色素等。国家允许使用的，不得超过国家有关标准。

(7)包装要求

无公害农产品包装必须符合有关的国家标准。如中国聚乙烯成型品卫生标准。本标准适合用于以聚乙烯树脂为原料的食具、包装容器及食品工业用器具。

3. 无公害农产品包装、贮藏和运输的相关规范

(1)包装

①无公害农产品包装的基本要求。无公害农产品的包装提倡使用由木、竹、植物茎叶和纸制成的包装材料，允许使用符合卫生要求的其他包装材料；包装应简单、实用，避免过度包装，并应考虑包装材料的回收利用；允许使用二氧化碳和氮作为包装填充剂；禁止使用含有合成杀菌剂、防腐剂和熏蒸剂的包装材料，以及禁止使用接触过禁用物质的包装袋或容器盛装无公害农产品。

②无公害农产品包装注意事项。豪华和过度包装都是对资源的浪费，也是对生态环境的间接破坏，是不符合发展无公害事业的原则的。当然，提倡简单实用包装也不是对外观没有任何要求，而是要求能尽量体现出无公害农产品的自然、环保的本色。

包装材料是检查中容易忽视的一个环节。而实际上，为了防虫等目的，有些包装材料或容器是经过杀菌剂、防腐剂或熏蒸剂处理过的，因此很可能会污染到产品，从而影响产品的无公害完整性。一般情况下，无公害加工要求无公害农产品采用无公害标识的包装箱、包装袋等容器，并且提倡在保证清洁卫生的前提下循环使用。

(2)贮藏

①贮藏的基本要求。经过认证的产品在贮存过程中不得受到其他物质的污染，贮藏产品的仓库必须干净、无虫害、无有害物质残留，在最近 5 d 内未经任何禁用物质处理过；除常温贮藏外，允许采用贮藏室空气调控、温度控制、干燥调节和湿度调节等贮藏方法；无公害农产品应单独存放，如果不得不与常规产品共同存放，必须在仓库内划出特定区域，采取必要的包装、标签等措施确保无公害农产品不与非认证产品混放；产品出入库和库存量必须有完整的档案记录，并保留相应的单据。

②贮藏中的注意事项。仓库的清洁卫生是确保加工产品无公害完整性的前提。必须清楚，这里的 5 d 指的也是库房内没有原料、半成品和产品的前提下采用

过禁用物质处理(主要是熏蒸和喷雾)的情况。申请者和加工者必须牢记这一原则,绝不能误解为可以在物资存在的情况下实施熏蒸和喷雾。

我国的标准允许无公害农产品与常规产品共同存放在同一个仓库内。所以,有条件的加工厂应尽量将不同性质的产品分别存放,这样才能在任何时候都能满足国内的标准要求。且不容易把出库产品弄混淆。

关于出入库记录,无公害农产品有严格的跟踪批号的要求,同时要求有为无公害农产品和原料专门设计的出入库记录单,而不能简单地沿用原来的常规记录单。

出入库记录有一个重要的作用,就是检查员和认证机构可以根据这些记录和现场审核,得知该加工厂往年以及当年的原料与产品库存量,以此进行物料核算,可以有效地控制加工厂无公害农产品的销售。这类记录的另一个重要作用是相关方可以从加工厂的这些记录中,按产品批号,从出库的产品一直跟踪到原料。

(3)无公害农产品运输

①运输的基本要求。运输工具在装载无公害农产品前应清洗干净;在运输过程中应避免与常规产品混杂或受到污染;在运输和装卸过程中,外包装上的无公害认证标志及有关说明不得被玷污或损毁;运输和装卸过程必须有完整的档案记录,并保留相应的单据备查。

②无公害农产品运输注意事项。加工者往往忽视运输环节,特别是不习惯于将运输工具的清洗或清扫过程记录下来。然而,要成为一个合格的无公害农产品加工者或销售者,就必须养成对仓储、运输和销售的全过程实施保存规范并全面记录的习惯。因为无公害农产品的运输往往是加工厂无公害农产品运转链中的最后一道程序。

(二)资料准备

(1)利用现有的图书馆或资料室以及报刊,查找有关无公害农产品的信息资料

(2)利用电脑、网站、Wifi 等网络环境条件,查找有关无公害农产品的生产、加工、监控等方面的信息资料

(3)教师准备的资料单

关于无公害农产品生产、加工、监控的相关文章。

(4)推荐网站

中国无公害农产品网、中国有机农业网、中国无公害农产品信息网、中国无公害农产品交易网等。

二、项目设计与实施

如何设计和实施学习任务?

(一)项目设计

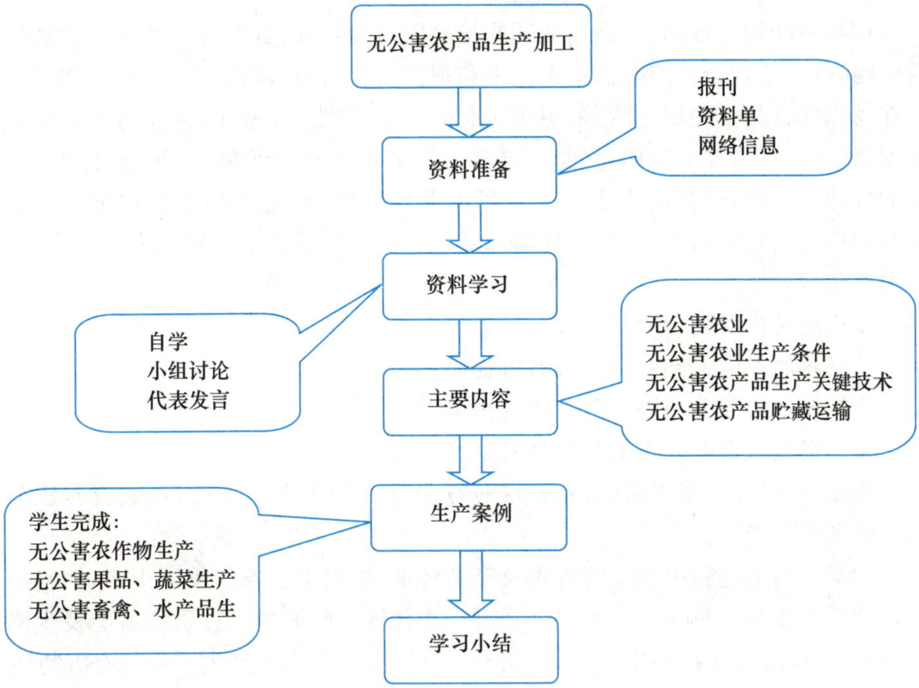

(二)项目实施

(1)安排学生课前预习无公害农产品的生产与加工贮运

(2)在教师的指导下,通过多种信息渠道查询资料

关键词有:无公害农产品、生产、加工、贮运、监控等。

(3)汇总查找的相关资料

(4)每人写一份学习收获

(5)小组讨论,用集体的智慧完成一份较好的学习收获体会

(6)每组选一个代表,在全班讲解小组的学习路径、学习收获,组员补充收获的内容

(7)教师组织发动全班同学讨论、评价各小组的学习情况,达到全班同学共享学习资源和收获体会,巩固所学的知识内容

三、学习拓展

畜禽安全生产如何操作?

1. 饲料和药物使用

(1)饲料安全是无公害养殖的基础

饲料是动物的食物,也是人类的间接食物,饲料中的有毒有害物质在动物性食品中的残留,不仅会给养殖业带来危害和损失,还会直接威胁人的身体健康。如残留在动物性食品中的抗生素等,可使人体产生抗药性、耐药性,给人的疾病治疗造成困难。同时,通过动物的粪便,又会对土壤和水源造成污染,对生态环境构成很大的威胁。因此,饲料的安全性不仅影响养殖业安全,也影响食品安全和环境安全。饲料的安全性与原料、生产环境以及生产厂家是否严格按照标准生产有关,影响因素包括:

①环境污染对饲料原料造成的污染。

②饲料原料中天然存在有毒有害物质。

③饲料中非营养性添加剂带来的污染。

④饲料发生霉变或被某种致病微生物污染。

⑤虫害、螨害与鼠害,饲料在贮藏过程中常受到虫害的侵蚀,造成营养成分的损失或毒素的产生。

⑥饲料加工过程中产生的毒物及交叉污染,如果工艺条件控制不当,饲料中成分复杂的添加剂在粉碎、输送、混合、制粒、膨化等特殊的加工过程中就会发生降解反应,一方面降低了饲料中的有效成分的效价;另一方面又产生了新的有害物质。

(2)无公害饲料

无公害饲料是指饲料产品(包括饲料和饲料添加剂)中有毒有害物质含量控制在安全允许的范围内,不危害畜禽和水产品,不造成环境污染,不影响人体健康,其技术指标符合无公害食品生产标准的饲料。

(3)饲料使用准则,以生猪饲养为例

按照 NY 5032—2001《无公害食品　生猪饲养饲料使用准则》要求,生猪饲料原料、配合饲料、浓缩饲料、各种添加剂色泽要新鲜一致,无发酵、霉变、结块、异味及异臭。有害物质及微生物允许量应符合 GB 13078《饲料卫生标准》的规定。不以制药工业副产品作为生猪饲料原料。

(4)无公害养殖中的药物使用基本要求

为了减少和避免兽药残留,确保食品的安全质量,在无公害养殖中必须遵循兽药使用准则,合理选择兽药种类、剂型,严格遵守使用方法和剂量、使用对象、休药期。

(5)饲养者应供给动物适度营养,加强饲养管理,采取各种措施以减少应激,增强动物自身的免疫力

动物疾病以预防为主,严格按《动物防疫法》和无公害饲养兽医防疫准则的规定进行预防,建立严格的生物安全体系,防治动物发病和死亡,及时淘汰有病畜禽,最大限度地较少化学药品和抗生素的使用。必须使用兽药时应有兽医处方并应在兽医指导下进行,经确诊疾病和致病菌的种类后,再对症下药,避免滥用药物。进行预防、治疗和诊断疾病所用的兽要必须符合《中国兽药典》、《中国兽药规范》、《兽药质量标准》、《兽药生物制品质量标准》、《进口兽药质量标准》和《饲料药物添加剂使用规范》的相关规定。所有兽药必须来自具有《兽药生产许可证》和产品批准文号的生产企业,或者具有《进口兽药许可证》的供应商。所用兽药的标签应符合《兽药管理条例》的规定。

(6)档案记录,建立并保存免疫程序记录

包括所用疫苗的品种、剂量和生产厂家。建立并保存全部用药的记录,治疗用药记录包括畜禽编号、发病时间及症状、治疗用药物名称(商品名及有效成分)、给药途径、给药剂量、疗程、治疗时间等。混饲给药是畜禽群体给药常用的一种途径,为预防畜禽疾病或促畜禽生长而进行混饲给药时,也要建立并保存全部用药记录,混饲给药记录包括药品名称、有效成分、给药剂量、疗程等。

2. 无公害饲养管理

《无公害食品畜禽饲养管理准则》对各个环节都进行了详细规定。要求不能随意向配合饲料和饮用水中添加药物;饲料存放时间不能过长,不能用过期霉变的饲料饲喂;喂料前应该检查饲料是否发霉,不能用霉变的饲料饲喂;畜禽出栏前喂饲的饲料内不应含药物,换料前,料槽中不能有剩余添加药物的饲料。引用水中不能随意添加药物。灭蝇灭鼠时,注意选择高效、低毒的药物和正确的使用方法,避免引起畜禽药物中毒。此外,饲养管理准则还对日常畜禽检查、记录、出栏后环境的清理和卫生消毒做了规定。

3. 畜禽养殖良好规范

良好农业规范是为优化农业生产组织形式、提高农产品生产企业的管理水平,实施农业可持续发展而开展的一种规范管理形式。它为进一步促进和提高我国农产品安全控制、动植物疫病防治、生态环境保护以及动物福利、职业健康等方面的保障能力提供了经验和技术的支持。在畜禽养殖过程中,GB/T 2001 第六部分“畜禽养殖基础控制点与符合性规范”,针对不同畜禽的生产方式和特点,对养殖场选址、畜禽品种、饲料和饮水的供应、场内的设施设备、畜禽的健康、药物的合理使用、畜禽的养殖方式、畜禽的公路运输、废弃物的无害化处理、养殖生产过程中的记录、

追溯以及对员工的培训等提出了具体要求和规定。

任务三 明确无公害农产品的标准与认证

一、学习准备

(一)知识准备

无公害农产品的标准有哪些?如何进行认证?

1.无公害农产品的标准

《农产品安全质量》产品安全要求GB 18406—2001分为以下四个部分:

(1)《农产品安全质量 无公害蔬菜安全要求》(GB 18406.1—2001)

本标准对无公害蔬菜中重金属、硝酸盐、亚硝酸盐和农药残留给出了限量要求和试验方法,这些限量要求和试验方法采用了国家标准,同时也对各地开展农药残留监督管理而开发的农药残留量简易测定给出了方法原理,旨在推动农药残留简易测定法的探索与完善。

(2)《农产品安全质量 无公害水果安全要求》(GB 18406.2—2001)

本标准对无公害水果中重金属、硝酸盐、亚硝酸盐和农药残留给出了限量要求和试验方法,这些限量要求和试验方法采用了国家标准。

(3)《农产品安全质量 无公害畜禽肉安全要求》(GB 18406.3—2001)

本标准对无公害畜禽肉产品中重金属、亚硝酸盐、农药和兽药残留给出了限量要求和试验方法,并对畜禽肉产品微生物指标对给出了要求,这些有毒有害物质限量要求、微生物指标和试验方法采用了国家标准和相关的行业标准。

(4)《农产品安全质量 无公害水产品安全要求》(GB 18406.4—2001)

本标准对无公害水产品中的感官、鲜度及微生物指标做了要求,并给出了相应的试验方法,这些要求和试验方法采用了国家标准和关的行业标准。

2.无公害农产品的认证与管理

(1)无公害农产品属于第三方组织机构的认证

在国家注册并被认可的“第三方”叫作“注册认证机构”。认证机构依据无公害农产品认证技术准则、生产技术操作规程,对申请的无公害农产品及其加工产品实施规定程序的系统评估,并颁发无公害农产品认定证书。

①政府推行的公益性认证。无公害农产品是政府推出的一种安全公共品牌，目的是保障基本安全，满足大众消费。无公害农产品执行的标准是强制性无公害农产品行业标准，产品主要是老百姓日常生活离不开的“菜篮子”和“米袋子”产品，如蔬菜、水果、茶叶、猪牛羊肉、禽类、乳品禽蛋和大米、小麦、玉米、大豆等大宗初级农产品。

②产地认定与产品认证相结合。无公害农产品认证采取产地认定与产品认证相结合的模式。产地认定主要解决生产环节的质量安全控制问题；产品认证主要解决产品安全和市场准入问题。无公害农产品认证的过程是一个自上而下的农产品质量安全监督管理行为，产地认定是对农业生产过程的检查监督行为，产品认证是对管理成效的确认，包括监督产地环境、投入品使用、生产过程的检查及产品的准入检测等方面。

③推行全程质量控制。无公害农产品认证运用全过程质量安全管理的指导思想，强调以生产过程控制为重点，以产品管理为主线，以市场准入为切入点，以保证最终产品消费安全。推行“标准化生产、投入品监管、关键点控制、安全性保障”的技术制度，从产地环境、生产过程和产品质量三个重点环节控制危害因素。

(2)无公害农产品产地认定

根据《无公害农产品管理办法》，无公害农产品产地的认定工作由所在地省级农业行政主管部门负责组织实施，流程如图 4-2 所示。

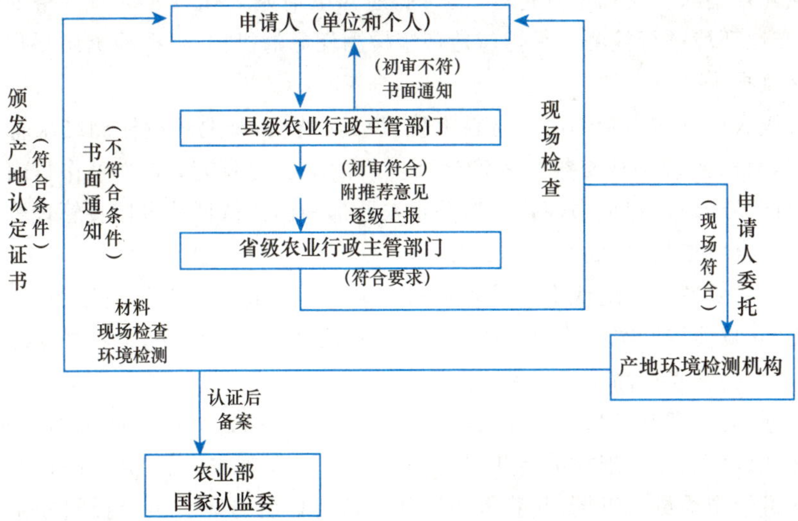

图 4-2 无公害农产品产地认证流程图

申请产地认定的单位和个人，应当向产地所在地县级农业行政主管部门提出申请，提交《无公害农产品产地认定申请书》(申请书和相关资料可向所在地县级以上农业行政主管部门申领，或者从中国农业信息网站(www.agri.gov.cn)下载获取)，书面申请应当包括：

①申请人的姓名(名称)、地址、电话号码；

②产地的区域范围、生产规模；

③产地环境状况说明；

④无公害农产品生产计划；

⑤无公害农产品质量控制措施；

⑥专业技术人员的资质证明；

⑦保证执行无公害农产品标准和规范的声明；

⑧要求提交的其他有关材料。

县级农业行政主管部门自收到申请之日起，在10个工作日内完成对申请材料的初审工作。申请材料初审不符合要求的，书面通知申请人。符合要求的，出具推荐意见，连同产地认定申请材料逐级上报省级农业行政主管部门。

省级农业行政主管部门自收到推荐意见和有关材料之日起，在10个工作日内完成对有关材料的审核工作，符合要求的，组织有关人员对产地环境、区域范围、生产规模、质量控制措施、生产计划等进行现场检查。进行现场检查不符合要求的，书面通知申请人。现场检查符合要求的，通知申请人委托具有资质资格的检测机构，对产地环境进行检测。承担产地环境检测任务的机构，根据检测结果出具产地环境检测报告。

省级农业行政主管部门对材料审核、现场检查和产地环境检测结果符合要求的，应当自收到现场检查报告和产地环境检测报告之日起，30个工作日内颁发无公害农产品产地认定证书(图4-3)，并报农业部和国家认证认可监督管理委员会备案。不符合要求的，书面通知申请人。

无公害农产品产地认定证书有效期为3年。期满需要继续使用的，应当在有效期满90日前按照本办法规定的无公害农产品产地认定程序，重新办理。

(3)无公害农产品认证程序

根据《无公害农产品管理办法》实施无公害农产品认证的产品范围由农业部、国家认证认可监督管理委员会共同确定、调查。无公害农产品的认证机构，有国家认证认可管理委员会审批，并获得国家认证认可监督管理委员会授权的认可机构的资格认可后，方可从事无公害农产品认证活动。目前无公害农产品认证工作由农业部农产品质量安全中心承担。凡生产产品在农业部和国家认证委发布《实施无公害农产品认证的产品目录》内的产品,并获得无公害农产品产地认定证书的单位和个人,均可申请无公害农产品认证。程序如图 4-3 所示。

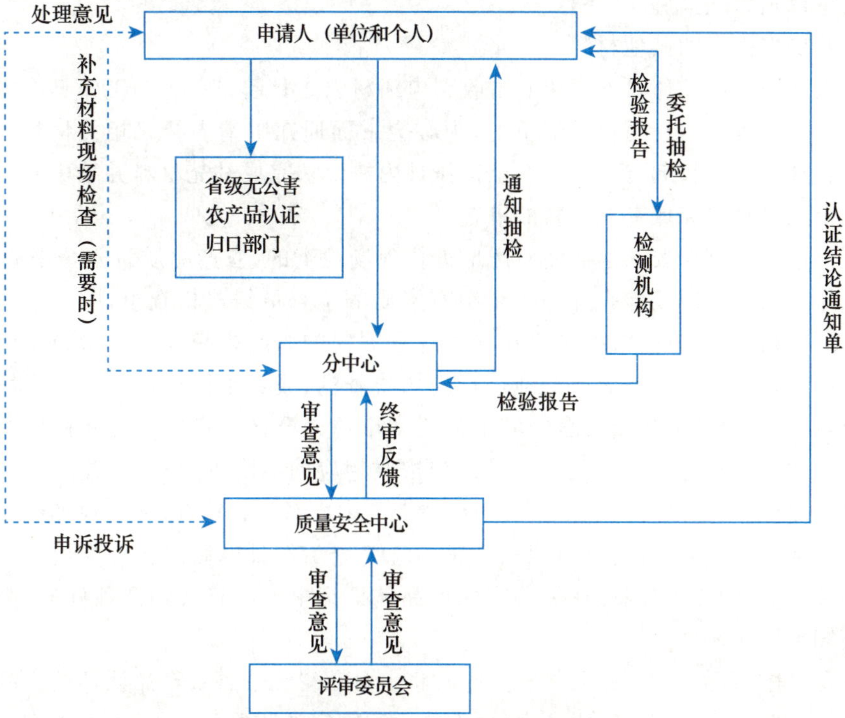

图 4-3　无公害农产品认证流程图

申请无公害农产品认证的单位和个人,可以通过省级农业行政主管部门或者直接向农业部农产品质量安全中心申请认证,并提交以下材料:

①《无公害农产品认证申请书》

②《无公害农产品产地认定证书》(复印件)

③产地《环境检验报告》和《环境评价报告》

④产品品种、产地区域范围和生产规模

⑤无公害农产品的生产计划

⑥无公害农产品质量控制措施

⑦无公害农产品生产操作规程

⑧有关专业技术和管理人员的资质证明

⑨保证执行无公害农产品标准和规范的声明

⑩无公害农产品有关培训情况和计划

⑪申请认证产品的生产过程记录档案

⑫“公司＋农户”形式的申请人应当提供公司和农户签订的购销合同范本、农户名单以及管理措施

⑬要求提交的其他材料

农业部农产品质量安全中心自收到申请材料之日起，在15个工作日内完成申请材料的审查。申请材料不规范的，中心会书面通知申请人补充相关材料。申请人自收到通知之日起，应当在15个工作日内按要求完成补充材料并报中心。中心在5个工作日内完成补充材料的审查。

申请材料符合要求但需要对产地进行现场检查的，农产品质量安全中心在10个工作日内做出现场检查计划并组织有资质的检查员组成检查组，同时通知申请人并请申请人予以确认；检查组在检查计划规定的时间内完成现场检查工作。申请材料符合要求并且不需要产地进行现场检查的，或者申请材料和产地现场检查符合要求的，农产品质量安全中心书面通知申请人委托有资质的检测机构对其申请认证的产品进行抽样检验。检验机构按照相应的标准进行检验，并出具产品检验报告，分送农产品质量安全中心和申请人。中心对材料审查、现场检查（需要的）和产品检验符合要求的，进行全面评审，在15个工作日内做出认证结论。符合颁证条件的，由中心主任签发《无公害农产品认证证书》；不符合颁证条件的，中心书面通知申请人。

每月10日前，农产品质量安全中心将上月获得无公害农产品认证的产品目录同时报农业部和国家认监委备案，由农业部和国家认监委公告。《无公害农产品认证证书》有效期为3年，期满后需要继续使用的，证书持有人应当在有效期满前90日内按照程序重新办理。在有效期内生产无公害农产品认证证书以外的产品品种的，应当向原无公害农产品认证机构办理认证证书的变更手续。

任何单位和个人对中心检查员、工作人员、认证结论、委托检测机构、获证人等有异议的均可向中心反映或投诉。中心会及时调查、处理所投诉事项，并将结果通报投诉人，并抄报农业部和国家认监委。投诉人对中心的处理结论仍有异议，可向农业部和国家认监委反应或投诉。

农产品质量安全中心对获得认证的产品进行定期或不定期检查。对于获得产品认证证书的，但生产过程发生变化，产品达不到无公害农产品标准要求，或经检查、检验、鉴定，不符合无公害农产品标准要求的，中心会暂停其使用产品认证证书，并责令限期改正。对于获得产品认证证书，但擅自扩大标志使用范围，或者转让、买卖产品认证证书和标志，或者产地认定证书被撤销，或者被暂停产品认证证书未在规定期限内改正的，农产品质量安全中心都会撤销其产品认证证书。

(4)无公害农产品管理

①无公害农产品标志管理。农业部和国家认证认可监督管理委员会对全国统一的无公害农产品标志实行统一监督管理。县级以上地方人民政府农业行政主管部门和质量技术监督部门按照职责分工依法负责。凡获得无公害农产品认证证书的单位和个人,均可以向认证机构申请无公害农产品标志。获得无公害农产品认证证书的单位和个人,可以在证书规定的产品或者其包装上加施无公害农产品标志,用以证明产品符合无公害农产品标准。印制在包装、标签、广告、说明书上的无公害农产品标志图案,不能作为无公害农产品标志使用。使用无公害农产品标志的单位和个人,应当在无公害农产品认证证书规定的产品范围和有效期内使用,不得超范围和逾期使用,不得买卖和转让。使用无公害农产品标志的单位和个人,应当建立公害农产品标志的使用管理制度,对公害农产品标志的使用情况如实记录并存档。

无公害农产品标志的印制工作应当由经农业部和国家认监委考核合格的印制单位承担,其他任何单位和个人不得擅自印制。无公害农产品标志的印制单位,不得向具有无公害农产品认证资格的认证机构以外的任何单位和个人转让无公害农产品标志。伪造、变造、盗用、冒用、买卖和转让无公害农产品标志以及违反本办法规定的,按照国家有关法律法规的规定,予以行政处罚;构成犯罪的,依法追究其刑事责任。

②无公害农产品监督管理。农业部、国家质量监督检验检疫总局、国家认证认可监督管理委员会和国务院有关部门根据职责分工依法组织对无公害农产品的生产、销售和无公害农产品标志使用等活动进行监督管理。认证机构对获得认证的产品进行跟踪检查,受理有关的投诉、申诉工作。任何单位和个人不得伪造、冒用、买卖和转让无公害农产品产地认定证书、产品认证证书和标志。获得无公害农产品产地认定证书的单位和个人,其产地被污染或者产地环境达不到标准要求,或者产地使用的农业投入品不符合无公害农产品相关标准要求,或者擅自扩大无公害农产品产地范围,由省级农业行政主管部门予以警告,并责令限期改正;逾期未改正的,撤销其公害农产品产地认定证书。获得公害农产品认证并加贴标签的产品,经检查、检测、鉴定,不符合无公害农产品质量标准要求的,由县级以上农业主管部门或者各地质量监督检验检疫部门责令停止使用无公害农产品标志,由认证机构暂停或者撤销认证证书。

(二)资料准备

(1)利用现有的图书馆或资料室以及报刊,查找有关无公害农产品的信息资料

(2)利用现有的电脑、网站、Wifi 等网络环境条件

查找有关无公害农产品的标准、产地申请认证程序等方面的信息资料。

(3)通过网络

查找国外关于无公害农产品的论述和无公害农产品认证方面的标准与认证程序。

(4)教师准备的资料单

关于无公害农产品认证及无公害产地认证的相关流程图。

(5)推荐网站

中国无公害农产品网、中国有机农业网、中国无公害农产品信息网、中国无公害农产品交易网等。

二、项目设计与实施

如何设计和实施学习任务?

(一)项目设计

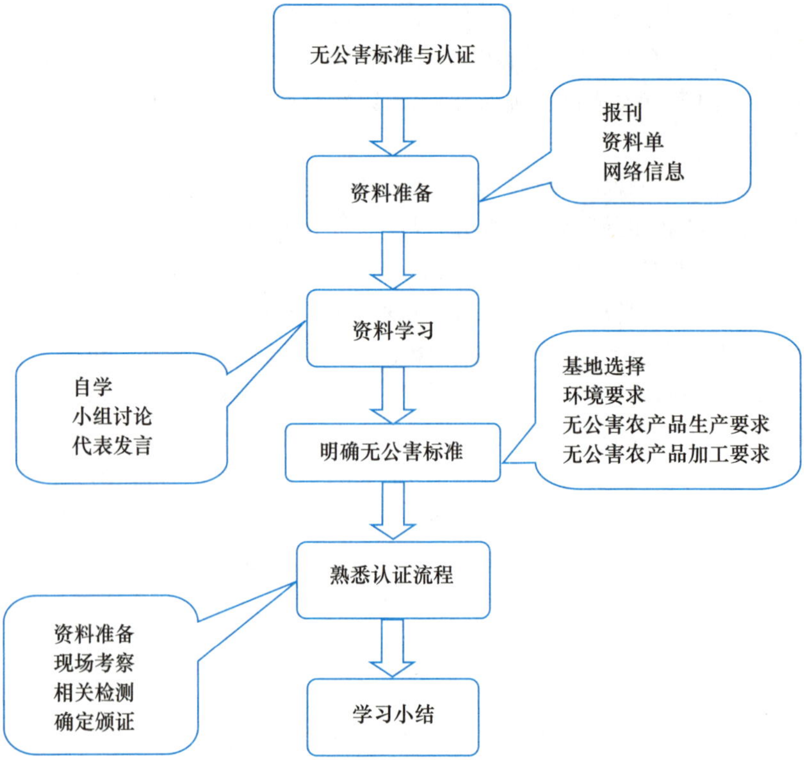

(二)项目实施

(1)安排学生课前预习无公害农产品的标准与认证

(2)在教师的指导下,通过多种信息渠道查询资料

关键词有:无公害农产品、标准、认证程序等。

(3)汇总查找的相关资料

(4)每人写一份学习收获

(5)小组讨论,用集体的智慧完成一份较好的学习收获体会

(6)每组选一个代表,在全班讲解小组的学习路径、学习收获,组员补充收获的内容

(7)教师组织发动全班同学讨论、评价各小组的学习情况,达到全班同学共享学习资源和收获体会,巩固所学的知识内容

三、学习拓展

如何填写无公害农产品认证申请书?

《无公害农产品认证申请书》(种植业类)样例

序号:<u>　　1　　</u>　　　　编号:<u>　Z03040031BJ　</u>

无公害农产品认证申请书

申请人(盖章):<u>××××公司并盖章(二者一致)</u>

法定代表人:(签字、盖章)<u>　手签(盖章)　</u>

日　　期:<u>×××</u>年<u>××</u>月<u>××</u>日

农业部农产品质量安全中心印制

保证执行无公害农产品标准和规范的声明

本单位在生产______过程中,严格执行有关无公害农产品标准,现就此作如下声明:

(1)本单位管理人员、技术人员和生产人员熟悉掌握无公害______产品标准,并保证在生产过程中落实无公害农产品质量控制措施,确保申请认证产品符合无公害农产品标准要求。

(2)本单位管理人员、技术人员和生产人员熟悉掌握并严格执行无公害______

生产技术规范,决不使用国家禁止使用的各类农业投入品,规范使用国家限用的各类农业投入品。

(3)本单位申请认证的_______产品,如果获得无公害农产品认证,保证严格按照《无公害农产品标志管理办法》(农业部、国家认监委第231号公告)的规定,在获证产品或者产品包装上加贴使用全国统一的无公害农产品标志。

(4)接受农业部农产品质量安全中心、无公害农产品认证省级承办机构及有关部门对与无公害农产品生产和使用无公害农产品标志的监督检查。

申报单位:(盖章)×省××市××县××公司

法人代表:(签字)×××

日　　期:×××年 ××月××日

申请人及产品基本情况

申请人全称	××省××市××县××公司				
单位性质	合股		法人代表	×××	
申请人类型	☑自产自销型 □公司+农户型 □松散收购型 □混合型				
联系人	×××		联系电话		
手　机			传　　真		
E-mail					
通讯地址	××省××市××区××街××号			邮政编码	××××
职工人数	25	管理人员数	5	技术人员数	5
经营范围	农产品种植、销售				
申请认证产品概况					
产品名称			注册商标		
产地认定规模(公顷)		×××	实际生产规模(公顷)		×××
执行标准	NY 5074—2002 NY 5075—2002	年播种季次	×	单产(吨/公顷)	××
年总产量(吨)	××××	包装规格	××公斤/箱	年销售量(吨)	××××
年销售额(万元)	××××		销售范围	××省	
种植方式、质量控制关键点及流通方式简介	露地、保护地栽培,生产过程中对产品质量影响较大、需特别控制的环节。 (盖章)××××年××月××日				
省级承办机构意见	符合要求,同意上报 (盖章)××××年××月××日				

填表人:×××　　　　××××年××月××日

四、评价反馈

如何评价学习成果？

（一）自我评价

1. 为了完成无公害农产品的学习任务，你都做了哪些准备

①查找了哪些资料？

②你有哪些设想？

2. 运用所学的知识，挑选粮油、果树、蔬菜等你最感兴趣的一种农作物，进行无公害栽培方案编写

3. 运用所学的知识，挑选粮油、果树、蔬菜等你最感兴趣的一种农作物，进行无公害农产品认证程序的编写

4. 通过自学、讨论和调研，你有什么收获

（二）小组评价

从学习态度、学习方法、团队合作和学习能力的提升等方面评价。

序号	评价项目	评价情况
1	与其他同学口头交流学习内容是否流畅	
2	是否尊重他人	
3	学习态度是否积极主动	
4	是否服从教师的教学安排	
5	着装是否符合标准	
6	能否按照安全和规范的规程操作	
7	能否辨别工作环境中哪些是危险的因素	
8	是否合理规范的使用工具和仪器	
9	是否能保持学习环境的干净整洁	
10	是否遵守学习场所的规章制度	
11	是否有工作岗位的责任心	
12	是否达到全勤	
13	团队学习中主动与合作的情况如何	
14	能否主动参与教学场所的清洁和整理工作	

参与评价的同学签名________________

(三)综合评价

1. 教师评价

(1)对整个学习内容的小结归纳

(2)对学习过程的总体评价

教师签名________________

2. 学生评价

(1)对教师授课效果的评价

(2)对学习效果的评价

学生签名________________

项目五　绿色农产品生产

【学习目标】

完成本学习任务后，你应该能：

1. 牢记绿色农产品的概念和标识
2. 熟悉绿色农产品的生产加工关键技术
3. 学会绿色农产品的标准和认证程序
4. 发现并会分析绿色农产品生产、销售过程中的问题，提出解决的办法

【工作任务描述】

广西壮族自治区农业厅在新型职业农民培养过程中，需要通过培训，让职业农民认识绿色农产品的内涵、标志；通过现场指导，监控农产品生产全过程的安全性，按照绿色的标准生产农产品；指导农民进行绿色产品的认证。

【思维导图】

任务一　学习绿色农产品的概念与标志

一、学习准备

什么是绿色农产品的概念和标志？

(一)知识准备

1. 概念

(1)绿色农业

绿色农业是一种在无污染的条件下种植、养殖，施有机肥料，种植绿肥、作物轮作、生物或物理方法等技术，培肥土壤、控制病虫草害，不用高毒性、高残留农药，提高产品品质的生产体系，其核心是建立和恢复农业生态系统的生物多样性和良性循环，以维持农业的可持续发展。

(2)绿色农产品(食品)

是指遵循可持续发展原则，按照特定生产方式生产，经专门机构认定，许可使用绿色食品标志商标的无污染的安全、优质、营养类食品。如：蔬菜、水果及初加工的牛奶及奶制品、肉制品和果蔬产品等。

绿色食品标准分为两个技术等级，即 AA 级绿色食品标准和 A 级绿色食品标准。

AA 级绿色食品标准要求：生产地的环境质量符合《绿色食品产地环境质量标准》，生产过程中不使用化学合成的农药、肥料、食品添加剂、饲料添加剂、兽药及有害于环境和人体健康的生产资料，而是通过使用有机肥、种植绿肥、作物轮作、生物或物理方法等技术，培肥土壤、控制病虫草害、保护或提高产品品质，从而保证产品质量符合绿色食品产品标准要求。AA 级绿色食品等同于有机食品，其认证的标准和程序和有机食品相同。

A 级绿色食品标准要求：生产地的环境质量符合《绿色食品产地环境质量标准》，生产过程中严格按绿色食品生产资料使用准则和生产操作规程要求，限量使用限定的化学合成生产资料，并积极采用生物学技术和物理方法，保证产品质量符合绿色食品产品标准要求。

2. 绿色农产品的特点

与普通农产品相比，绿色农产品强调其产品出自优良生态环境，生产过程要比普通食品难，需要建立全新的生产体系，采用相应的替代技术。其特点有以下几点：

(1)关注对生态环境的保护

强调基地的生产环境条件和最终产品质量的检测。

(2)确保食品安全性

A 级绿色食品允许使用化学品，AA 级不允许使用化学品。

(3)强调第三方认证

以产品为认证对象。

3. 标志

绿色食品标志是由中国绿色食品发展中心在国家工商行政管理总局商标局正式注册的质量证明标志。它由三部分构成，即上方的太阳、下方的叶片和中心的蓓蕾，象征自然生态；颜色为绿色，象征着生命、农业、环保；图形为正圆形，意为保护。AA 级绿色食品标志与字体为绿色，底色为白色，A 级绿色食品标志与字体为白色，底色为绿色。整个图形描绘了一幅明媚阳光照耀下的和谐生机，告诉人们绿色食品是出自纯净、良好生态环境的安全、无污染食品，能给人们带来蓬勃的生命力。

图 5-1　绿色食品标志

(二)资料准备

(1)图书馆或资料室

利用现有的图书馆或资料室以及报刊，查找有关绿色农产品的信息资料。

(2)利用现有的电脑、网站、Wifi 等网络环境条件

查找有关绿色食品的概念、内涵、特征等方面的信息资料。

(3)通过网络

查找国外关于绿色食品的论述和绿色食品相关的生态食品和环保食品的对

比，查找国内绿色食品的信息。

(4)教师准备的资料单

关于绿色食品的认识、内涵、标志的相关文章。

(5)推荐网站

中国绿色食品网、中国绿色农业网、中国绿色食品信息网、中国绿色食品交易网、中国有机绿色食品网等。

如何设计和实施学习任务？

二、项目设计与实施

(一)项目设计

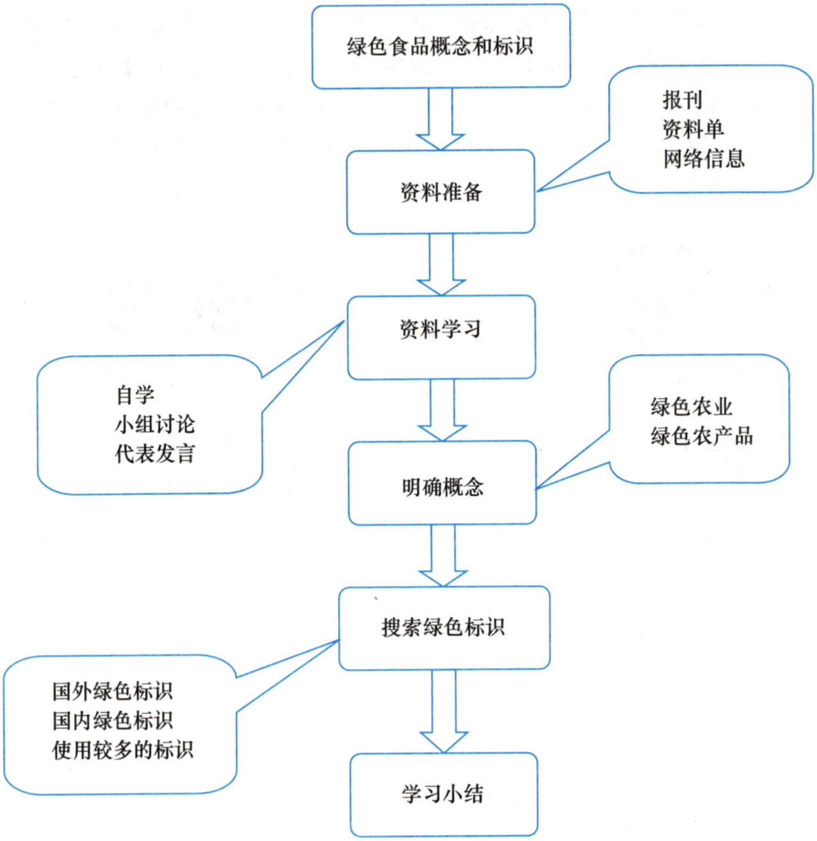

(二)项目实施

(1)安排学生课前预习绿色农产品的概念和标志

(2)在教师的指导下,通过多种信息渠道查询资料

关键词有:绿色农产品、概念、内涵、绿色标志等。

(3)汇总查找的相关资料

(4)每人写一份学习收获

(5)小组讨论,用集体的智慧完成一份较好的学习收获体会

(6)每组选一个代表,在全班讲解小组的学习路径、学习收获,组员补充收获的内容

(7)教师组织发动全班同学讨论、评价各小组的学习情况,达到全班同学共享学习资源和收获体会,巩固所学的知识内容

国内外绿色认证机构和标志有哪些?

三、学习拓展

(一)中国的绿色食品的授权

中国绿色食品发展中心,隶属中国农业部,是组织和指导全国绿色食品开发和管理工作的权威机构,也是绿色食品的认证机构,同时也是绿色食品标志商标的所有者。目前绿色食品发展中心在全国构建了三个组织管理系统:一是全国各地委托了分支管理机构,协助和配合中国绿色食品发展中心开展绿色食品宣传、发动指导、管理、服务工作;二是委托全国各地有省级计量认证资格的环境监测机构负责绿色食品产地环境监测与评价;三是区域性的食品质量监测机构负责绿色食品产品质量监测。

(二)中国绿色食品认证机构

1. 中国质量认证中心

北京市南四环西路 188 号 9 区　010-83886888

2. 杭州万泰认证有限公司

浙江杭州市杭大路 1 号黄龙世纪广场 A 座 9 楼-B 座 8 楼　0571-87901598

3. 方圆标志认证中心

北京市海淀区西三环北路甲 105 号科原大厦 B 座 12 层　010-88411888-609/610/607

4. 广东中鉴认证有限责任公司

广东广州大道中路 227 号华景大厦四楼　020-87369002/9003/9001

5. 北京中大华远认证中心

北京市阜外大街乙22号415室　010-68396415

6. 浙江公信认证有限公司

浙江省杭州市密渡桥路15号新世纪大厦25楼　0571-85067764

7. 北京华思联认证中心

北京市朝阳区农展北路55号中欧中心408室　010-59195182-802

8. 中奶协(北京)认证中心有限公司

北京德胜门外清河南镇北京奶牛中心　62948041/62948006

9. 东北认证有限公司

辽宁沈阳市沈河区文艺路21-1号　024-83961672

10. 深圳市环通认证中心有限公司

广东深圳福田区华强南路无线电管理大厦13楼　0755-83355888

11. 中食恒信(北京)质量认证中心有限公司

北京市广渠门北里乙73号　010-67129575

12. 上海质量体系审核中心

上海市长宁区武夷路258号　021-52387700　52388977

13. 中质协质量保证中心

北京市海淀区三虎桥百胜村6号　010-68710377

14. 长城(天津)质量保证中心

天津市河西区大沽南路501号恒华大厦3层　022-23541983

15. 北京新世纪认证有限公司

北京市西城区西直门内南小街国英1号楼11层　010-58561802

16. 华夏认证中心有限公司

北京市海淀区北四环中路211号综合楼　010-62335102

17. 北京中安质环认证中心

北京市朝阳区东三环南路58号富顿中心1号楼22层　010-58673399-1001

18. 兴原认证中心有限公司

北京市海淀区上地三街9号金隅嘉华大厦C座711室　010-62981683

19. 北京世标认证中心有限公司

北京市海淀区德胜门外西大街15号,远洋风景8-2-6层　010-82291199

20. 北京埃尔维质量认证中心

北京市西城区车公庄大街甲4号物华大厦A1007室　010-68001010

21.深圳鹏程国际认证有限公司

广东深圳市福田区福强路 4001 号世纪工艺品文化广场 F 栋 5 楼　0755-82721888/82721622

任务二　掌握绿色农产品的生产与加工技术

一、学习准备

(一)知识准备

如何生产和加工绿色农产品?

1.生产绿色食品对环境和投入品的规范要求

(1)环境质量规范要求

①大气方面,产地周围 5 km 内或上风向 20 km 内有工业废气排放,或 3 km 内有燃煤烟气排放的,就须着重监测,不得污染农作物。

②灌溉用水只允许用地表水或地下水,而且有水质要求,不允许污水灌溉。

③农田如在生活垃圾或工业、医疗废弃物填埋场附近,农田附近有污水排放,或邻近有害元素的矿区,如铅矿、汞矿、镉矿、砷矿以及放射矿等,都要着重监测,看是否影响环境质量,进而污染农作物,一旦不符合绿色食品环境标准,不允许生产绿色食品。

(2)在农业投入品

①国家规定一些剧毒高毒农药禁止用于蔬菜、水果、茶叶,而绿色食品标准规定禁用于所有农作物,如甲拌磷、克百威、涕灭威等。

②任何准用的化学合成农药在作物生长期内只准使用一次,不准重复多次使用;这就指导农业生产中农药的禁用和限用,即使允许使用的农药,也要保证安全间隔期,才能达到绿色食品产品标准中农残要求,该要求比国家标准要严得多。

(3)肥料使用

①禁用硝态氮肥,最常用又便宜的是硝酸铵,还有硝酸钾、硝酸钠等,防止作物硝酸盐和亚硝酸盐积累,尤其在开花期和结果期。

②同时使用有机肥和化肥的,有机氮含量应高于无机氮,由于有机肥中含氮量远低于化肥中的含氮量,因此有机肥用量远大于化肥用量。之所以有这要求,

是为了防止土壤板结，利于土壤的团粒结构和水分、养分的渗透，利于土地的合理利用。

③要求农家肥应发酵腐熟，防止病菌、虫卵滋生，以免过多使用农药，污染农作物，这些要求均保证作物的安全，保证了农业生产的可持续发展。

(4)饲料使用(包括鱼用饵料)

①禁用转基因饲料(如转基因的玉米、油菜籽及其秸秆等)。

②禁止在高能量饲料中添加工业合成油脂(如矿物油、石油裂解烃、肥皂生产的脂肪酸副产品等)和畜禽粪便。

③禁用哺乳动物为原料的饲料喂养牛等反刍动物。

(5)兽药使用(包括渔药)

①禁用磺胺类、有机磷类、喹诺酮类等兽药。允许使用的兽药必须在国家规定的休药期后屠宰或挤奶，保证畜禽产品中兽药残留达到绿色食品标准的规定。

②绿色食品标准还规定了畜禽饲养、屠宰加工和水产养殖的卫生要求，保证畜禽、水产和蜂产品的质量安全。因此，绿色食品的畜禽产品是经过从饲养到屠宰整个过程的质量控制。

(6)食品添加剂

①人体内不易降解，会造成积累，如作为甜味剂的糖精、甜蜜素，作为防腐剂的苯甲酸钠等。

②对人体有害或害处尚有争议的，如生产肉制品的硝酸盐和亚硝酸盐。

③仅为改善感官而添加的，如面粉增白剂过氧化苯甲酰、糖类的二氧化钛以及其他食品中的化学合成色素等。以上3类，国家标准规定了使用限量，在现有科技水平上认为是安全的。但绿色食品基于可由确认无害的或危害更小的同类添加剂代替，而加以禁用，如糖精、甜蜜素可用蔗糖代替，或无需改变感官，如不加过氧化苯甲酰、二氧化钛和化学合成色素等。

2.对绿色食品植物生产要求规范

(1)品种的选择

①选择、应用品种时，在兼顾高产、优质优良性状的同时，要注意高光效及抗性强的品种的选用，以增强病虫和抗逆的能力，发挥品种的作用。

②在不断充实、更新品种的同时，要注意保存原有地方优良品种，保持遗传多样性。

③加速良种繁育，为扩大绿色食品再生产提供物质基础。

④绿色食品生产栽培的种子和种苗必须是无毒的，并来自绿色食品生产系统。这些品种应当适合当地土壤及气候条件，对病虫害有较强的抵抗能力。

(2)引种要求

生产性的引种是将外地或国外的新作物、新的优良品种引入当地,供生产推广应用。通过过引种可丰富当地的作物种类,是解决当地对优良品种迫切需要的有效算什么,引种具有简便易行,见效快的优点,绿色食品产地为了保持高的生产水平,应有计划地做好引种工作。引种应注意以下几点。

①引种必须有明确的目标:根据当地生产中需要解决的问题,有计划、有目的、有组织地进行。注意引选高产、优质品种的同时,必须注意引选抗病虫、抗逆性强、高光效的品种。

②引种前应摸清拟引入的品种各方面的性状,特别是对温度、光照的要求,这是引种是否成功的关键。因为温度和光照是人力难以控制的自然气象因子。如大豆是短日照作物,南方大豆引种至北方,由于日照时间增长而延迟开花成熟,甚至尚未成熟便到秋霜;反之,北方大豆引种至南方,由于日照时间缩短,温度高,生长发育加快,提早开花,产量降低。

③引种时要把品种特性与其栽培条件联系起来考虑:即应了解品种对土质、肥水条件的要求,耕作制度和栽培水平等方面的特点。

④绿色食品生产基地在引种、选择品种时,应保持遗传多样化,不宜在基地内选择和保留单一的品种,而应有计划在不同地块种植具有不同优良性状的品种,或轮换种植不同优良品种。品种的多样性可以充分利用当地自然条件和生产资源并减少不利因素的影响。

⑤引种试验是引种时必须进行的工作,用作试验的种子可以少量引入,将欲引入的一个或多个品种与当地生产用良种,在同一地块、相同栽培条件下观察了解新品种的适应性、丰产性和抗逆性,从中选出符合要求的品种。

⑥严格做好引进品种的检疫工作,这也是绿色食品生产引种不可缺少的环节,特别是带有当地检疫对象的种子要杜绝引入,这样可防止病虫害的传播,避免给生产造成严重损失。

(3)轮作及间套种

①我国的轮作模式,绝大多数都是由用地为主的作物与养地为主的作物(豆类、绿肥)或养地环节(休闲)所组成,以发挥经田养田、生物养田的作用。绿色食品生产地在安排种植计划和地块时应将轮作计划列入其中。尽量采用轮作,减少连作,以充分利用轮作的优点,克服连作的弊端。轮种作物应选择不同类型、非同科、同属的作物,避免有相同的病虫;养地作物安排在前,为后种作物创造良好条件;产地主要作物茬口位置。

②间、套种是提高作物产量的重要技术,是我国传统农业精华,合理的间套种

与间作相比具有一定的优越性。随着农业生产的发展，间套种不断增添新类型，一般情况下，安排生态适应性差异小的作物组合在一起，配置适当的田间结构，在人为因素正确的技术引导下，间、套种都能提高效益。因此绿色食品作物生产应总结经验，采用合理间、套种方式，力求更大的增产增收效果。

(4)施肥技术

①创造良性的养分循环条件，充分开发和利用本地的有机肥源，合理循环使用有机物质。充分利用田间植物残余物、植株(绿肥、秸秆)、动物粪便、厩肥及土壤中有益微生物群进行养分转化，不断增加土壤中的有机物质含量，提高土壤肥力。提倡种养结合，综合利用资源。

②经济、合理地施用肥料。绿色食品生产合理施肥就是要按绿色食品质量要求，根据气候、土壤条件以及作物生长状态，正确选用肥料种类、品种，确定施肥时间和方法。生产基地不仅应不断总结“看天、看地、看庄稼”的施肥经验，而且有条件的地区和单位逐渐走上通过土壤、植株营养诊断，从而科学地指导施肥。

③以有机肥为主体，尽可能使用有机物质和养分还田。以有机肥为基础，作物残体如各种秸秆应直接或过腹或与动物粪便配合制成优质厩肥还田等。施用有机肥要经无害化处理。如高温堆制、沼气发酵、多次翻捣、过筛去杂物等，以减少有机肥可能出现的副作用。

④充分发挥土壤中有益微生物在提高土壤肥力中的作用。通过耕作、栽培管理如翻耕、灌水、中耕等措施，调节土壤中水分、空气、温度等状态，创造一个适合有益微生物群繁殖、活动的环境，以增加土肥中有效肥力。近年微生物肥料在我国已兴起，绿色食品生产可有目的地施用不同种类的微生物制品，以增加土壤中有益微生物群，发挥其作用。

⑤尽量控制和减少化学合成肥料，尤其各种氮素化肥的使用，必须使用时，也应与有机肥配合使用。A 级绿色食品生产过程中，允许限量使用部分化学合成肥料，但禁止合作硝态氮肥。化肥施用时必须与有机肥按氮含量 1∶1 的比例配合施用，最后使用时间必须在作物收获 30 d 以前施用。

(5)有害生物防治原则

①要创造和建立有利作物生长、抑制病虫害的良好生态环境；

②预防为主，防重于治；

③综合防治；

④优先使用生物防治技术和生物农药；

⑤必须进行化学防治时，依据绿色食品农药使用准则，合理使用化学农药。

(6)绿色食品植物收获

①防止污染,防止对产品和环境造成污染。与作物接触的工具不能对作物产生不良影响。收后的作物要及时晒干扬净,水分与杂质达到国家贮运标准,可以尽量在水泥场或专用竹匾等其他专用作物晒场晾晒,必要时需经烘干设备处理。严禁发热霉变,严禁在马路上或其他工地上翻晒。

②掌握要成熟度,注意采收时的天气状况。还要做到单收、单运、单放、单脱粒、单贮运,使损失率和质量降低率减到最低限。

3. 对绿色食品的动物生产的要求规范

(1)畜禽的生活环境

①棚舍和圈舍的要求。易于清理粪便,通风良好,地板要求既不损伤家畜又不引起紧张和不安;尽量放牧,不能放牧的则考虑有运动的余地;家畜的群体应合理稳定;动物被圈起时,应该圈在其同类群体的视觉和听觉范围内。

②放牧的密度要求。随牧地的载畜量而定,同时考虑到粪便的排放和饲草的需要量。过充放牧会导致寄生虫增加,影响家畜健康。

③减少应激。

④提高动物福利。

(2)对动物营养的要求

①至少 80%的饲料来源于已批准的绿色食品饲料生产基地或产地,符合绿色食品产地环境技术条件;

②允许 20%以下的饮料来源于常规饲料;

③禁止使用鸡粪、牛粪或其他畜禽的粪便;

④禁止使用转基因方法生产的饲料;

⑤禁止使用动物油脂、肉骨粉、肉粉;

⑥禁止使用工业合成的油脂。

(3)对饲料添加剂的规定

①优先使用绿色食品生产资料中的饲料添加剂产品;

②营养性饲料添加剂的使用量不能超过其营养需要量;

③禁止使用尿至少等非蛋白氮类饲料添加剂;

④禁止使用激素、安眠镇静类饲料添加剂;

⑤禁止使用药物性饲料添加剂。

(4)对畜禽疾病防治的要求

畜禽疾病以预防为主,坚持“预重于治”的原则。预防、治疗和诊断所用兽药必须符合兽药管理条例。生产 A 级绿色食品畜产品允许使用规定的兽药,同时允许使用以下兽药制品：

①钙、磷、硒、钾等补充药，酸碱平衡药，体液补充药，电解质补充药，营养药，血容量补充药，抗贫血药，维生素药和助消化药；

②血清、菌（疫）苗、诊断液等生物制品；

③允许使用安全的中药材、中成药及其制剂。

在使用上述兽药时，优先使用绿色食品生产资料中的兽药产品。

4.加工绿色食品的规范与要求

（1）场址设置及各部分卫生保障情况

①应远离重工业区，或与重工业区之间有500～1 000 m的护林带。

②应远离居民区，加工厂周围不得有垃圾堆、粪场、露天厕所和传染病医院。

③应设置在污染源、传染源的上风方向。

④应设置“三废”净化装置。

（2）各部分设施卫生保障情况

有机加工应制订正式的卫生管理计划，该计划要符合国家或地方卫生管理法规，并应提供以下几方面的卫生保障：

①外部设施（垃圾堆放场、旧设备存放场地、停车场等）。

②内部设施（加工、包装和库区）。

③加工和包装设备（防止酵母菌、霉菌和细菌污染）。

④职工的卫生（餐厅、工间休息场所和厕所）。

（3）绿色食品加工设备要求

①材料要求：与食品接触的机械部分一般要求采用不锈钢材料，并遵照执行不锈钢食具食品卫生标准与管理办法。在常温条件下、pH中性条件下使用的器皿、管道、阀门等，可采用玻璃、铝制品、聚乙烯或其他无毒的塑料制品代替。要避免或减少可溶出铅器皿的使用。

②设备润滑剂尽量使用食用油，严禁使用多氯联苯。

③设备布局与安装要合理，符合工艺流程要求，便于操作，防止交叉感染。

（4）加工工艺要求

①加工工艺应最大限度地保持食品的主要营养成分。例如牛奶的杀菌方法就可采用高温瞬时杀菌。严禁使用辐射技术和石油馏出物，不允许使用人工合成的食品添加剂，但可使用天然的香料、防腐剂、抗氧化剂、发色剂等。不允许使用化学方法杀菌。原料严禁用辐射、微波等方法处理。

②加工用水的水质必须符合我国饮用水标准，需要通过检测，出具合法的检验报告。

5.绿色食品包装、贮藏和运输规范

(1)包装

绿色食品的包装从材料上要求须具备安全性、可降解性、可重复利用性。用纸包装取代塑料薄膜内包装。

(2)贮藏

①贮藏的原则。贮藏环境必须洁净卫生,不能对绿色食品产生二次污染;选择适宜的贮藏方法,最大限度地操持绿色食品原有的品质;在贮藏中,绿色食品与非绿色食品分开贮藏,不能温存;A 级和 AA 级绿色食品分开贮藏。

②贮藏技术规范。食品仓库在存放绿色食品前要进行要进行严格的清扫和灭菌,周围环境必须清洁卫生,并远离污染;禁止使用会对绿色食品产生污染或潜在污染的建筑材料与物品,严禁食品与化学合成物质接触;贮藏室应具有防鼠、防虫、防霉措施,严禁使用人工合成的杀虫剂。

(3)绿色食品运输

运输工具在装载绿色食品前应清洗干净,必要时进行灭菌消毒;绿色食品在运输过程中应避免与常规产品混杂或受到污染;禁止与农药、化肥及其他化学制品等混装运输;运输车辆做到专车专用;对不安全、不清洁、装过化学品、危险品的车辆应及时提交有关部门处理,直到合格后方可使用。

(二)资料准备

(1)图书馆或资料室

利用现有的图书馆或资料室以及报刊,查找有关绿色农产品的信息资料。

(2)利用现有的电脑、网站、Wifi 等网络环境条件

查找有关绿色食品的生产、加工、监控等方面的信息资料。

(3)通过网络

查找国外关于绿色食品生产、加工的相关案例。

(4)教师准备的资料单

关于绿色食品生产、加工、监控的相关文章。

(5)推荐网站

中国绿色食品网、中国绿色农业网、中国绿色食品信息网、中国绿色食品交易网、中国有机绿色食品网等。

二、项目设计与实施

如何设计和实施学习任务?

(一)项目设计

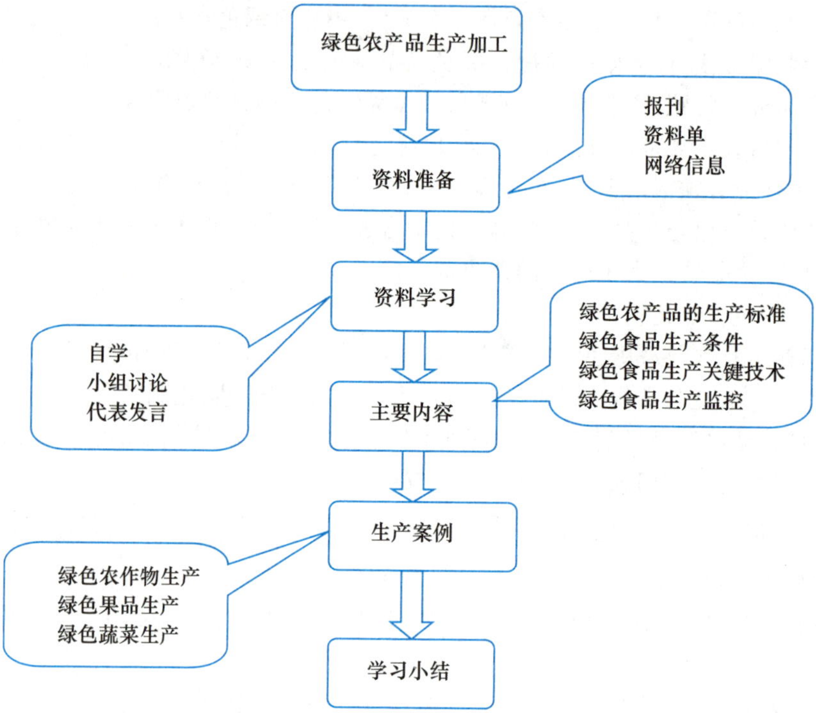

(二)项目实施

(1)安排学生课前预习有机农产品的生产与加工

(2)在教师的指导下,通过多种信息渠道查询资料

关键词有:绿色农产品、生产、加工、监控等。

(3)汇总查找的相关资料

(4)每人写一份学习收获

(5)小组讨论,用集体的智慧完成一份较好的学习收获体会

(6)每组选一个代表,在全班讲解小组的学习路径、学习收获,组员补充收获的内容

(7)教师组织发动全班同学讨论、评价各小组的学习情况,达到全班同学共享学习资源和收获体会,巩固所学的知识内容

三、学习拓展

绿色花生是如何生产的?

(一)花生绿色食品生产操作规程

(1)立地条件

绿色食品花生生产基地,应选择空气清新、大气不受污染、环境质量符合国家大气环境质量标准,土壤质地为粉沙壤土至沙质黏壤,结实层疏松,通透性良好,灌溉用水不受污染,具备花生高效优质和可持续发展的生态环境条件。

(2)品种选择

花生品种的选用,应本着优质、高产、综合抗性良好的原则,优质系指外观和内在品质而言,内在品质系指粗脂肪含量≥48%、粗蛋白质含量≥25%,口感好。目前推广应用的大花生品种多达几十个,不同品种感病种类和感病程度不同,应因地制宜选用品种,根据不同需要选用品种。

(3)轮作换茬

花生喜生茬地,重茬花生病虫害多,易造成营养元素缺乏,不发棵、产量低、品质差。生产绿色食品花生最好以 2~3 年轮作地为好。花生与小麦、玉米、甘薯、水稻、蔬菜等轮作均可。注意前茬作物的耕作管理也要按照绿色食品要求。前茬作物收获后,应及时清洁田块,以备耕翻。

(4)施肥

在一般地力水平下,每公顷产荚果 4 500 kg 水平,可每公顷施优质有机肥(含氮量 0.2 以上,充分腐熟)15 000~22 500 kg+杨康微生物肥 75 kg+三元复合化肥(N、P、K 各 15%)300 kg;或有机肥+杨康或普利牌有机无机生物复合肥 450 kg;土壤有机质含量在 1%以上,每公顷用杨康或普利牌有机无机生物复合肥 11 250 kg。

施肥应采取配方平衡施肥。施足底肥,适当追肥;有机肥和化学肥料耕地前铺施,有机无机生物肥在起垄时包施,纯生物肥拌种或集中撒施于播种沟内。进入花针期后可采用根外追肥,叶片喷施 0.2%磷酸二氢钾或尿素水溶液。还可每公顷用豆植宝 120~150 mL,兑水 900~1 050 kg 喷施,每次间隔 7~10 d,施用 2 次。化肥施用安全期掌握在收获前 1 个月。

(5)播种

①种子选择与处理。应选用纯度在 95%以上、净度 98%以上、水分含量 8%以下的荚果作种。种用花生剥壳前应晒果 2~3 d,以减轻病虫害,提高种子活力,种

用子仁发芽势要在80%以上,发芽率在95%以上。每公顷准备种用荚果不能少于375 kg。

②播种与种植密度。适期播种是花生高产的重要基础,适宜的播期要根据当地地温变化、墒情、土质和栽培方法而定。一般5~10 cm地温连续5 d稳定在15~18℃时,根据气候条件,春花生适宜播种应在谷雨至立夏之间。一般每100 m^2播种1 275~1 500穴,每穴2粒种子。确定株行距的原则是行距相当于应用品种的侧枝长(R),穴距为0.44 R。播种沟深3~3.5 cm,耙平耙细,覆盖地膜,膜要盖严,不透气。

③除草。露地栽培,播种后3 d内,喷洒50%的乙草胺乳油每公顷975 mL,兑水900~1 050 kg。起垄种植和平种的垄间可结合机械耕耘与人工拔除进行除草,还可于播种后每公顷覆盖2 250~3 000 kg麦糠或碎草,既达到除草目的,又起到保持土壤湿度和增加土壤有机质的作用。无色增温膜,既能除草又能提高地温,有利于高产。

(6)田间管理

①花生苗期的管理。花生苗期是侧枝分生花芽分化和根系伸长的主要时期。此期末,花生主茎高6~7 cm,侧枝长7~8 cm,主茎叶7~8片,总分枝6条以上。

适时清棵蹲苗、深锄地、开孔放苗和盖土引苗、适时清墩和抠枝力争全苗。

②花生生育中期的管理。花生生育中期包括开花下针期和结荚期,是高产优质的关键时期,也是田间管理的重要时期。

③开花下针期管理。此期营养生长和生殖生长并行旺长,前期有效花全部开放,并有部分果针入土结实。期末,主茎高20~27 cm,14~16片复叶,侧枝长26~33 cm,单株开花占总开花量的50%以上,成针数占总针数40%以上,主根深100 cm。

如果此期0~30 cm土层含水量低于田间最大持水量的50%,叶色黑绿,开花量开始减少,叶片中午萎蔫到日落才能恢复时,应及时沟灌,促花开放,但切忌大水漫灌。适时追肥,结合浇水,每公顷追施过磷酸钙150~225 kg和草木灰750~1 500 kg,或在结实区每公顷追石膏粉375 kg(或磷石膏粉750 kg),以补充钙质营养。若新生叶片色淡而小,叶脉失绿,每公顷可追施75~150 kg标准氮肥。若心叶黄白失绿时,可每公顷追施20~30 kg硫酸亚铁,或叶面喷施0.3%~0.5%的硫酸亚铁水溶液。

④结荚期的管理。此期是花生一生中生长的最盛期,大批果针入土发育成荚果。注意培土迎果针、浇好结荚水、控棵保稳长。

⑤生育后期的管理。花生生育后期为饱果成熟期。此期是营养生长逐渐衰

退，生殖器官大量增重，以生殖生长为主的时期。

注意：喷肥保顶叶、合理排灌增饱果。

(7)病虫鼠害综合防治

山东等北方花生主产区，常年易发病害主要有叶斑病尧病毒病和根结线虫病；主要害虫有花生蛴螬或花生蚜虫和棉铃虫，以及田间鼠害。防治病虫害坚持野预防为主，综合防治冶的植保方针，突出生态控制，既要控制病虫、鼠害，又要确保产品质量安全。

任务三　明确绿色农产品的标准与认证

一、学习准备

(一)知识准备

绿色农产品的标准有哪些？如何进行认证？

1.绿色农产品生产标准体系

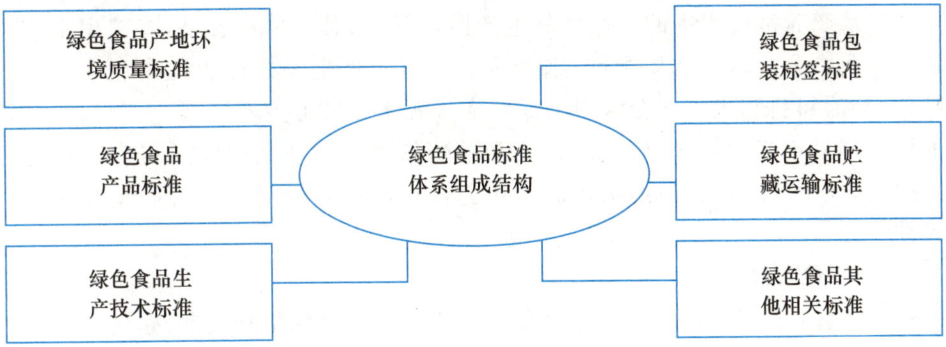

图 5-2　绿色农产品标准体系示意图

(1)绿色食品产地环境质量标准

制定这项标准的目的，一是强调绿色食品必须产自良好的生态环境地域，以保证绿色食品最终产品的无污染、安全性；二是促进对绿色食品产地环境的保护和改善。

绿色食品产地环境质量标准规定了产地的空气质量标准、农田灌溉水质标准、渔业水质标准、畜禽养殖用水标准和土壤环境质量标准的各项指标以及浓度限值、监测和评价方法。提出了绿色食品产地土壤肥力分级和土壤质量综合评价方法。对于一个给定的污染物在全国范围内其标准是统一的，必要时可增设项目，适用于绿色食品（AA级和A级）生产的农田、菜地、果园、牧场、养殖场和加工厂。同时重要的是，产地环境质量标准还要配合绿色食品环境质量评价纲要的实施。

（2）绿色食品生产技术标准

绿色食品生产过程的控制是绿色食品质量控制的关键环节。绿色食品生产技术标准是绿色食品标准体系的核心，它包括绿色食品生产资料使用准则和绿色食品生产技术操作规程两部分。

绿色食品生产资料使用准则是对生产绿色食品过程中物质投入的一个原则性规定，它包括生产绿色食品的农药、肥料、食品添加剂、饲料添加剂、兽药和水产养殖药的使用准则，对允许、限制和禁止使用的生产资料及其使用方法、使用剂量、使用次数和休药期等做出了明确规定。

绿色食品生产技术操作规程是以上述准则为依据，按作为种类、畜牧种类和不同农业区域的生产特性分别制定的，用于指导绿色食品生产活动，规范绿色食品生产技术的技术规定，包括农产品种植、畜禽饲养、水产养殖和食品加工等技术操作规程。

如水产养殖过程中的绿色食品生产操作规程，其主要内容是：养殖用水必须达到绿色食品要求的水质标准；选择饲养适应当地生长条件的抗逆性强的优良品种；鲜活饵料和人工配合饲料的原料应来源于无公害生产区域；人工配合饲料的添加剂使用必须符合《生产绿色食品的饲料添加剂使用准则》；疾病防治用药必须符合《生产绿色食品的水产养殖用药使用准则》；采用生态防病及其他无公害技术。

（3）绿色食品产品标准

绿色食品产品标准是衡量绿色食品最终产品质量的指标尺度，是树立绿色食品形象的主要标志，也反映出绿色食品生产、管理及质量控制的水平。绿色食品产品标准制订的依据是在国家标准的基础上，参照国外先进标准或国际标准。在检测项目和指标上，尤其是在卫生品质要求、农药残留和重金属的检测项目方面要严于国家标准；并且对严于国家执行标准的项目及其指标都有文献性的科学依据或理论指导，有些还进行了科学试验。

（4）绿色食品包装标签标准

该标准规定了进行绿色食品产品包装时应遵循的原则，包装材料选用的范围、种类，包装上的标识内容等。要求产品包装从原料、产品制造、使用、回收和废弃的整个过程都应有利于食品安全和环境保护，包括包装材料的安全、牢固性，节省资源、能源，减少或避免废弃物产生，易回收循环利用，可降解等具体要求和内容。

绿色食品产品标签，除要求符合国家《食品标签通用标准》外，还要求符合《中国绿色食品商标标志设计使用规范手册》(以下简称《手册》)规定，该《手册》对绿色食品的标准图形、标准字形、图形和字体的规范组合、标准色、广告用语以及在产品包装标签上的规范应用均做了具体规定。

(5)绿色食品贮藏、运输标准

该项标准对绿色食品贮运的条件、方法、时间做出规定。以保证绿色食品在贮运过程中不遭受污染、不改变品质，并有利于环保、节能。

(6)绿色食品其他相关标准

包括“绿色食品生产资料”认定标准、“绿色食品生产基地”认定标准等，这些标准都是促进绿色食品质量控制管理的辅助标准。

以上六项标准对绿色食品产前、产中和产后全过程质量控制技术和指标做了全面的规定，构成了一个科学、完整的标准体系。

2. 绿色食品认证

(1)认证程序

①申请人条件。申请人必须具有企业法人资质、国家强制要求的相关资质，且同时具备以下条件：

a. 具备绿色食品生产的环境条件和技术条件。

b. 生产具备一定规模，具有较完善的质量管理体系和较强的抗风险能力。

c. 加工企业必须生产经营一年以上。

②有下列情况之一者，不能作为申请人。

a. 社会团体、民间组织、政府和行政机构。

b. 与中心和各级绿办有经济或其他利益关系的。

c. 可能引起消费者对产品来源产生误解或不信任的(如批发市场、粮库等)。

d. 纯属商业经营的企业(如百货大楼、超市等)。

③认证申请的程序。

a. 认证申请。申请人向中国绿色食品发展中心(以下简称中心)及其所在省(自治区、直辖市)绿色食品办公室(中心)(以下简称省绿办)领取《绿色食品标志使用申请书》、《企业及生产情况调查表》及有关资料，或从中心网站(www.greenfood.org.cn)下载。申请人将上述表格填写后与有关材料一并提交省绿办。

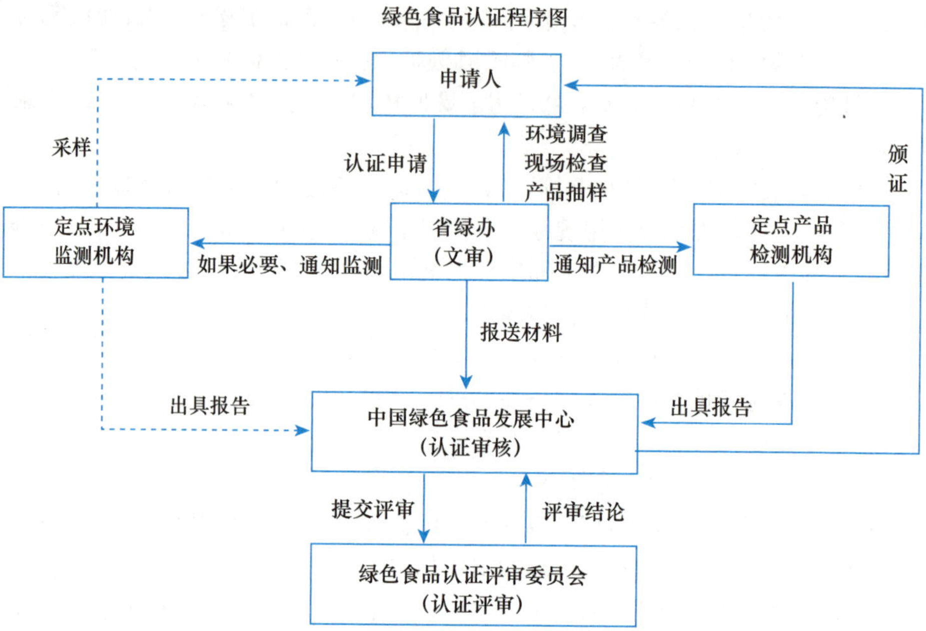

图 5-3　绿色农产品认证流程示意图

b. 文件审核（文审）省绿办收到上述申请材料后，组织检查员对申请材料进行审查。

c. 现场检查、产品抽样。文审合格后，省绿办委派相应专业的检查员赴申请企业进行现场检查。检查员根据有关技术规范对申请认证产品的产地环境（根据《绿色食品　产地环境技术条件》）、生产过程投入品使用（根据《绿色食品　农药使用准则》、《绿色食品　肥料使用准则》、《绿色食品　食品添加剂使用准则》、《绿色食品　饲料和饲料添加剂使用准则》、《绿色食品　兽药使用准则》、《绿色食品　渔药使用准则》等生产技术标准）、全程质量控制体系等有关项目进行逐项检查，按照收集或发现的有关记录、事实或信息，填写评估报告，并当场进行产品抽样。

d. 环境监测经检查员现场检查，需要进行环境监测的，由省绿办委托绿色食品定点环境监测机构对申请认证产品的产地环境（大气、土壤、水）根据《绿色食品　产地环境技术条件》进行监测，并出具产地环境质量监测报告。

e. 产品检测。产品抽样后，绿色食品定点产品监测机构依据绿色食品各类产品质量标准对抽取样品进行检测并出具绿色食品产品质量检测报告。

f. 认证审核。中心认证部门对申请材料和检查员现场检查报告、产地环境质量监测报告、产品质量检测报告等相关材料进行综合审查。

g.认证评审。绿色食品认证评审委员会对申请材料及中心认证部门审核意见进行全面评审,并做出评审意见。绿色食品认证评审委员会是绿色食品认证的技术支持机构。到目前为止,共有认证评审委员 70 人,涉及 30 多个专业方向,基本能够满足绿色食品认证评审需要。根据认证评审任务量和认证工作的时效性,适时组织认证评审。中心主任根据认证评审意见做出审批结论。

h.颁证。认证合格的申请人与中心签订《绿色食品标志商标使用许可合同》。中心颁发证书并进行公告。

(2)标志使用管理

绿色食品认证证书有效期为 3 年。

①标志使用人在证书有效期内享有下列权利:在获证产品及其包装、标签、说明书上使用绿色食品标志;在获证产品的广告宣传、展览展销等市场营销活动中使用绿色食品标志;在农产品生产基地建设、农业标准化生产、产业化经营、农产品市场营销等方面优先享受相关扶持政策。

②标志使用人在证书有效期内应当履行下列义务:严格执行绿色食品标准,保持绿色食品产地环境和产品质量稳定可靠;遵守标志使用合同及相关规定,规范使用绿色食品标志;积极配合县级以上人民政府农业行政主管部门的监督检查及其所属绿色食品工作机构的跟踪检查。

未经中国绿色食品发展中心许可,任何单位和个人不得使用绿色食品标志;禁止将绿色食品标志用于非许可产品及其经营性活动;在证书有效期内,标志使用人的单位名称、产品名称、产品商标等发生变化的,应当经省级工作机构审核后向中国绿色食品发展中心申请办理变更手续;产地环境、生产技术等条件发生变化,导致产品不再符合绿色食品标准要求的,标志使用人应当立即停止标志使用,并通过省级工作机构向中国绿色食品发展中心报告。

(二)资料准备

(1)图书馆或资料室

利用现有的图书馆或资料室以及报刊,查找有关绿色农产品的信息资料。

(2)利用现有的电脑、网站、Wifi 等网络环境条件

查找有关绿色食品的标准、申请认证程序等方面的信息资料。

(3)通过网络

查找国外关于绿色食品的论述和绿色食品认证方面的标准与认证程序。

(4)教师准备的资料单关于绿色食品认证的相关流程图

(5)推荐网站

中国绿色食品网、中国绿色农业网、中国绿色食品信息网、中国绿色食品交易

网、中国有机绿色食品网等。

二、项目设计与实施

如何设计和实施学习任务？

（一）项目设计

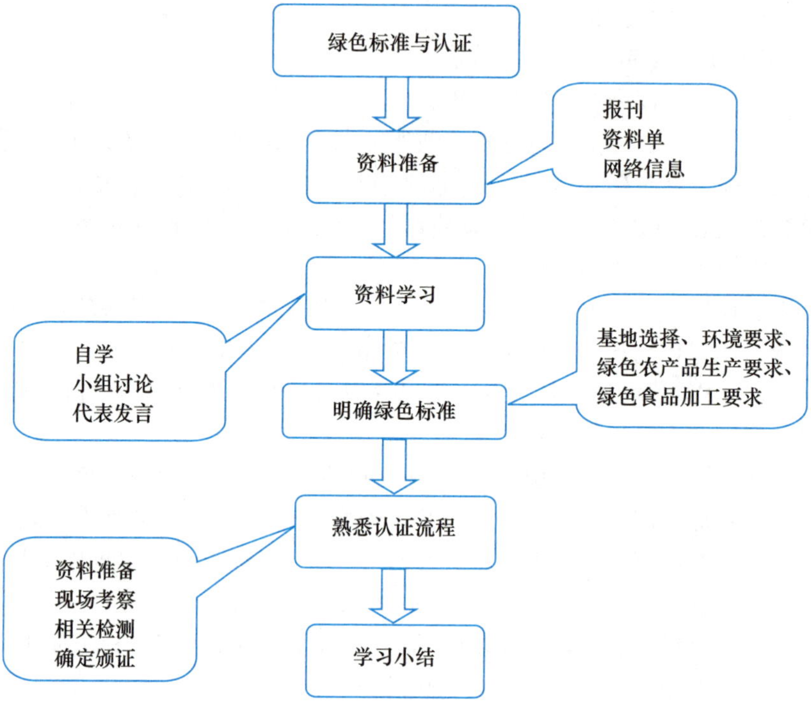

（二）项目实施

（1）安排学生课前预习有机农产品的标准与认证

（2）在教师的指导下，通过多种信息渠道查询资料

关键词有：绿色农产品、标准、认证程序等。

（3）汇总查找的相关资料

（4）每人写一份学习收获

（5）小组讨论，用集体的智慧完成一份较好的学习收获体会

（6）每组选一个代表，在全班讲解小组的学习路径、学习收获，组员补充收获的内容

（7）教师组织发动全班同学讨论、评价各小组的学习情况，达到全班同学共享

学习资源和收获体会，巩固所学的知识内容

三、学习拓展

如何准备绿色食品认证清单？

（一）绿色食品标志使用申请书的填写

申请单位全称			
英 文 名 称			
详 细 地 址			
产 品 名 称		英 文 名 称	
包 装 方 式		包 装 规 格	
注册商标名称		注册商标编号	
产品特点简介			
原料生产环境简介			
省级绿色食品办意见	年　月　日		
中国绿色食品发展中心审批结论	年　月　日		
绿色食品证书编号及使用期限			
年度抽检记录			
备注			

(二)绿色食品认证申报材料清单

(1)绿色食品标志使用申请书

(2)《企业及生产情况调查表》

(3)保证执行绿色食品标准和规范的声明

(4)生产操作规程(种植规程、养殖规程、加工规程)

(5)公司对"基地 +农户"的质量控制体系(包括合同、基地图、基地和农户清单、管理制度)

(6)产品执行标准

(7)产品注册商标文本(复印件)

(8)企业营业执照(复印件)

(9)企业质量管理手册

(10)其他材料

通过体系认证的提供认证证书复印件;对于不同类型的申请企业,依据产品质量控制关键点和生产中投入品的使用情况,还应分别提交以下材料。

①矿泉水申请企业,提供卫生许可证、采矿许可证及专家评审意见复印件;

②对于野生采集的申请企业,提供当地政府为防止过渡采摘、水土流失而制定的许可采集管理制度;

③对于屠宰企业,提供屠宰许可证复印件;

④从国外引进农作物及蔬菜种子的,提供由国外生产商出具的非转基因种子证明文件原件及所用种衣剂种类和有效成分的证明材料;

⑤提供生产中所用农药、商品肥、兽药、消毒剂、渔用药、食品添加剂等投入品的产品标签原件;

⑥生产中使用商品预混料的,提供预混料产品标签原件及生产商生产许可证复印件;使用自产预混料(不对外销售),且养殖方式为集中饲养的,提供生产许可证复印件;使用自产预混料(不对外销售),但养殖管理方式为"公司 +农户"的,提供生产许可证复印件、预混料批准文号及审批意见表复印件;

⑦外购绿色食品原料的,提供有效期为一年的购销合同和有效期为三年的供货协议,并提供绿色食品证书复印件及批次购买原料发票复印件;

⑧企业存在同时生产加工主原料相同和加工工艺相同(相近)的同类多系列产品或平行生产(同一产品同时存在绿色食品生产与非绿色食品生产)的,提供从原料基地、收购、加工、包装、贮运、仓储、产品标识等环节的区别管理体系;

⑨原料(饲料)及辅料(包括添加剂)是绿色食品或达到绿色食品产品标准的相关证明材料;

⑩提供产品包装标签设计样。

如何评价学习成果？

四、评价反馈

（一）自我评价

1. 为了完成绿色农产品的学习任务，你都做了哪些准备

（1）查找了哪些资料

（2）你有哪些设想

2. 运用所学的知识，挑选粮油、果树、蔬菜等你最感兴趣的一种农作物，进行有机栽培方案编写

（1）____________________

（2）____________________

（3）____________________

3. 运用所学的知识，挑选粮油、果树、蔬菜等你最感兴趣的一种农作物，进行绿色认证程序的编写

4. 通过自学、讨论和调研，你有什么收获

（二）小组评价

从学习态度、学习方法、团队合作和学习能力的提升等方面评价。

序号	评价项目	评价情况
1	与其他同学口头交流学习内容是否流畅	
2	是否尊重他人	
3	学习态度是否积极主动	
4	是否服从教师的教学安排	
5	着装是否符合标准	
6	能否按照安全和规范的规程操作	
7	能否辨别工作环境中哪些是危险的因素	
8	是否合理规范地使用工具和仪器	
9	是否能保持学习环境的干净整洁	
10	是否遵守学习场所的规章制度	
11	是否有工作岗位的责任心	
12	是否达到全勤	
13	团队学习中主动与合作的情况如何	
14	能否主动参与教学场所的清洁和整理工作	

参与评价的同学签名________________

(三)综合评价

1. 教师评价

(1)对整个学习内容的小结归纳

(2)对学习过程的总体评价

教师签名________________

2. 学生评价

(1)对教师授课效果的评价

(2)对学习效果的评价

学生签名________________

项目六　有机农产品生产

【学习目标】

完成本学习任务后，你应该能：

1. 牢记有机农产品的概念和标识
2. 熟悉有机农产品的生产加工关键技术
3. 学会有机农产品的标准和认证程序
4. 发现并会分析有机农产品生产、销售过程中的问题，提出解决的办法

【工作任务描述】

北京市农委在新型职业农民培养过程中，需要通过培训，让职业农民认识有机农产品的内涵、标志；通过现场指导，监控农产品生产全过程的安全性，按照有机的标准生产农产品；指导农民进行有机产品的认证。

【思维导图】

任务一　学习有机农产品的概念与标志

一、学习准备

什么是有机农产品的概念和标志？

（一）知识准备

1. 概念

（1）有机农业

有机农业是一种完全不使用化学合成的肥料、农药、生长调节剂、畜禽饲料添加剂等物质，也不使用基因工程生物及其产物的生产体系，其核心是建立和恢复农业生态系统的生物多样性和良性循环，以维持农业的可持续发展。在有机农业生产体系中，作物秸秆、畜禽粪肥、豆科作物、绿肥和有机废弃物是土壤肥力的主要来源；作物轮作以及各种物理、生物和生态措施是控制杂草和病虫害的主要手段。有机农业生产体系的建立需要有一个有机转化过程。

（2）有机农产品（食品）

是指来自于有机农业生产体系，根据有机农业生产要求和相应的标准生产加工的，并通过合法的有机食品认证机构认证的一切农副产品。有机食品则以蔬菜、水果、茶叶、蜂蜜为主（图 6-1）。

图 6-1　有机食品标识

2. 有机农产品的特点

有机食品与其他优质食品的最显著差别是它在生产和加工过程中绝对禁止使用农药、化肥、激素等人工合成物质，而且生产过程要比其他食品难得多，需要建立全新的生产体系，采用相应的替代技术。其特点有以下几点：

①有机食品生产和加工过程中更多地考虑了生态环境保护和资源持续利用的内容，解决了常规农业生产中最严重的环境污染和生态破坏的问题，是可持续性的农作方式。

②有机食品没有污染或污染物尽可能低，有益于人类健康。

③有机食品的生产、加工等需要一系列基本的规范、标准。

④确认为纯天然、无污染、安全营养的食品。

⑤有机食品需要第三方组织机构的认证。

3. 标志

采用人手和叶片为创意元素。我们可以感觉到两种景象；其一是一只手向上持着一片绿叶，寓意人类对自然和生命的渴望；其二是两只手一上一下握在一起，将绿叶拟人化为自然的手，寓意人类的生存离不开大自然的呵护，人与自然需要和谐美好的生存关系。有机食品概念的提出正是这种理念的实际应用。

(二)资料准备

(1)图书馆或资料室

利用现有的图书馆或资料室以及报刊，查找有关有机农产品的信息资料。

(2)利用现有的电脑、网站、Wifi 等网络环境条件

查找有关有机食品的概念、内涵、特征等方面的信息资料。

(3)通过网络

查找国外关于有机食品的论述和有机食品相关的生态食品和环保食品的对比，查找国内有机食品的信息。

(4)教师准备的资料单

关于有机食品的认识、内涵、标志的相关文章。

(5)推荐网站

中国有机食品网、中国有机农业网、中国有机食品信息网、中国有机食品交易网等。

如何设计和实施学习任务？

二、项目设计与实施

（一）项目设计

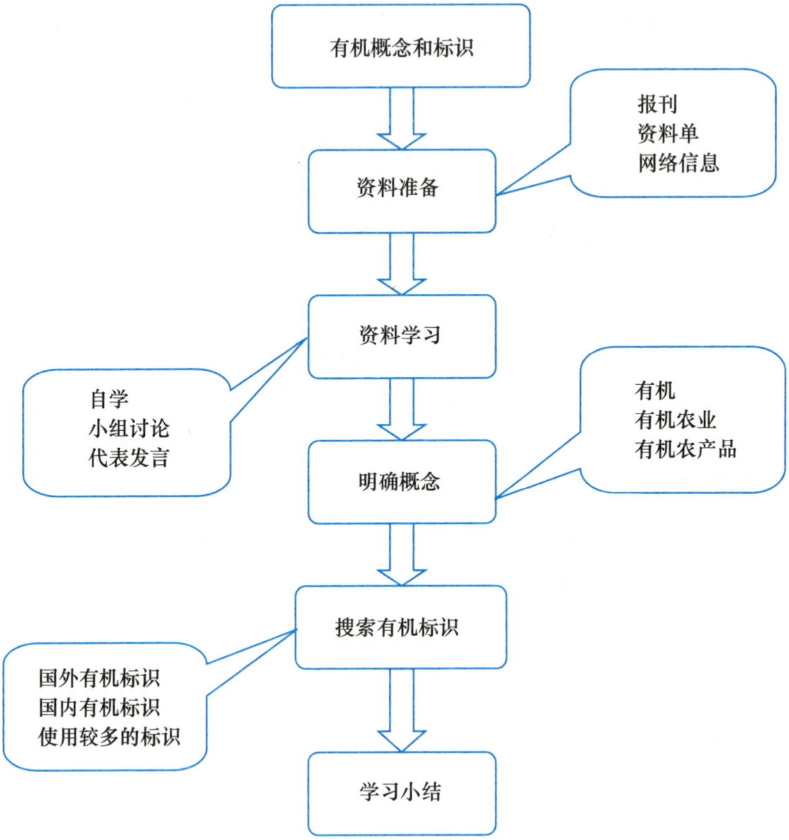

（二）项目实施

（1）安排学生课前预习有机农产品的概念和标志

（2）在教师的指导下，通过多种信息渠道查询资料

关键词有：有机农产品、概念、内涵、有机标志等。

（3）汇总查找的相关资料

（4）每人写一份学习收获

（5）小组讨论，用集体的智慧完成一份较好的学习收获体会

（6）每组选一个代表，在全班讲解小组的学习路径、学习收获，组员补充收获的内容

(7)教师组织发动全班同学讨论、评价各小组的学习情况,达到全班同学共享学习资源和收获体会,巩固所学的知识内容

国内外有机认证机构和标志有哪些?

三、学习拓展

(一)我国的有机食品认证机构

1. 南京国环有机食品认证中心

国家环境保护总局有机食品发展中心(OFDC)成立于 1994 年,是中国成立最早、规模最大的专业从事有机产品研发、检查和认证的机构,也是中国最早获得国际有机农业运动联盟(简称 IFOAM)认可的有机认证机构。OFDC 拥有一个专门的质量认证标志,已经在中国国家工商行政管理局商标局注册。标志由两个同心圆、图案以及中英文文字组成,中心的图案代表着 OFDC 认证的植物和动物产品。文字表达分为有机认证和有机转换认证两种(图 6-2,图 6-3)。

图 6-2　OFDC 标志

图 6-3　COFCC 标志

2. 中绿华夏有机食品认证中心

China Organic Food Certification Center, 简称 COFCC,是中国农业部推动有机农业运动发展和从事有机食品认证、管理的专门机构,也是中国国家认证认可监督管理委员会(CNCA)批准设立的国内第一家有机食品认证机构(批准号 CNCA-R-2002-100),并获得中国认证机构国家认可委员会(CNAB)的认可(注册号 CNAB115-0)。

3. 北京陆桥质检认证中心有限公司

BQC(北京陆桥质检认证中心)是国家认监委批准的首批具有认证资格的认证机构,批准号:CNCA-R-2003-062,BQC 拥有一批在有机产品认证领域具有较强实

力的专家和审核员，已在诸多领域开展了认证（图 6-4）。

4. 北京中安质环认证中心

中心成立于 1994 年，是国内较早成立的第三方认证机构，（中国国家认证认可监督管理委员会批准号：CNCA-R-2002-028）其前身是中国人民解放军总后勤部下属的事业单位——8.1 质量体系认证中心。认证业务领域涉及 QMS、EMS、OHSMS、HACCP、有机食品等。同时，中心还专门成立了环境/安全评价部门，为广大客户提供环境影响评价和安全评价服务（图 6-5）。

陆桥质检认证网
www.bqc.com.cn

图 6-4 BQC 标志

图 6-5 中安质环标志

5. GAC 有机产品认证介绍

公信认证有限公司（GAC）是首批由中国国家认证认可监督管理委员会（CNCA）批准的和中国认证机构国家认可委员会（CNAB）认可的，开展有机产品认证业务的 3 家认证机构之一（图 6-6）。

国家有机转换产品认证标志　GAC有机转换产品认证标志　国家有机产品认证标志　GAC有机产品认证标志

图 6-6 GAC 有机认证标志（左为转换期）

6. 杭州中农质量认证中心

国内第一家有机茶专业认证机构经 2004 年国家认证认可监督管理委员会（CNCA）批准成立，杭州中农质量认证中心（简称 OTRDC）的前身是中国农业科学院茶叶研究所有机茶研究与发展中心，1998 年经农业部有关部门同意开展有机茶认证工作，截至 2003 年底认证的有机茶企业已近 300 家，成为我国最大的有机食品认证机构之一(图 6-7)。

7. 辽宁方园有机食品认证有限公司

(英文名称:Fangyuan Organic Food Certification Center 简称:FOFCC)组建于 2000 年 6 月,为独立法人单位。2002 年 7 月经国家有机(食品)认可委批准试运行,是我国国家批准的第一批有机产品认证机构。

2005 年 3 月经国家认证认可监督管理委员会确认 FOFCC 获得批准书,批准号为:CNAB-R-2004-122,有效期至 2008 年 3 月 24 日。2005 年 12 月 23 日获得中国认证机构国家认可委员会认可,认可注册号:CNAB087-O。

FOFCC 主要业务是面向全国开展有机产品生产/加工认证工作。到目前为止,认证的单位已遍布东北三省、河北、山东、内蒙古自治区、湖北、上海等。认证的产品有粮食、蔬菜、水果、肉、蛋、禽、奶、野生动植物及其深加工产品、有机肥等 40 多个品种,其中部分有机产品已出口到韩国、日本以及欧洲一些国家。FOFCC 是韩国政府认可的认证单位(图 6-8)。

图 6-7　杭州中农质量认证中心标志

图 6-8　方园有机食品认证标志

8. 中鉴认证有限责任公司

(简称中鉴认证/GZCC,原广东认证/GACC),由广东省经济贸易委员会创立于 1993 年,是全国首批经中国质量体系认证机构国家认可委员会(原 CNACR,现 CNAB)认可设立、并获美国注册认可委员会(ANAB)和英国皇家认可委员会(UKAS)认可的,专门从事质量管理体系、环境管理体系、职业健康安全管理体系、HACCP、有机产品等多类型认证的非赢利性质的具有独立法人资格的第三方跨国认证机构(图 6-9)。

图 6-9　中鉴认证标志

9. 中环联合(北京)认证中心有限公司

中环联合(北京)认证中心有限公司(国家环保总局环境认证中心)是整合环境标志、有机食品、环境管理体系、质量管理体系和职业安全健康体系等领域认证资源,实施产品与体系一体化认证的认证机构,是经国家认证认可监督管理委员会认可的,代表国家对绿色产品进行权威认证,并授予产品环境标志的唯一机构(图 6-10,图 6-11)。

图 6-10 中环联合认证中心标志

图 6-11 中环联合认证标志

认证中心立足于整体推进 ISO 14000 国际环境管理标准,把生命周期评价的理论和方法、环境管理的现代意识和清洁生产技术融入产品环境标志认证,推动环境友好产品的发展,开拓生态工业、循环经济,实现以人为本,让环境标志产品成为联系公众与可持续发展战略的纽带,推动可持续消费。

认证中心将 ISO 9001 和 ISO 14001 的体系认证要求和产品质量标准及环境标志产品技术要求的保障措施与抽样检测融合为环境标志保障体系,追求文件简而明,内审制度与改进机制有效,开拓中国企业的双绿色发展模式。

(二)国外的有机认证机构

有机食品主要国内外颁证机构是:美国的 OCIA(全称“国际有机作物改良协会”),德国的 ECOCERT、BCS 和 GFRS,荷兰的 SKAL,法国的 IFOAM,瑞士的 IMO,日本的 JAS、JONA 等,出口到以上国家必须经过该国的相关有机认证。国外承认较多的中国有机认证为国家环保局的 OFDC。

1. 美国的 OCIA

于 1987 年在美国宾夕法尼亚洲成立,是为其广大会员提供有机农业和有机食品方面的研究、教育和认证服务的非营利性机构,并在全球设有 18 个分会。作为世界有机产品认证行业的先驱者,OCIA 在世界各地,包括北美、中南美洲、欧洲、非洲和太平洋地区的 20 个国家内拥有数千个会员。经过 OCIA 有机认证的有机种植者、加工者和贸易者可以顺利地将其有机产品销售往美国、日本和欧盟等目前世界上主要的有机产品市场(图 6-12)。

图 6-12 美国 OCIA 有机标志

2. 德国 BCS 有机食品认证

BCS 是一个对有机食品项目进行检查和认证的专门机构,总部设在德国。BCS 根据欧洲 2092/91 号有机法规条例及其附属规则,对欧盟境内及非欧洲国家内的有机食品项目进行检查和认证,认证的范围是农业生产(包括种植、养殖、野生资源的采集)、加工和贸易。BCS 在中国、日本、多米尼加共和国、哥斯达黎加、厄瓜多尔、土耳其、埃及和智利成立了 8 个分支机构。BCS 认证的项目遍及欧洲、非洲、美洲和亚洲等 40 多个国家。迄今为止,通过直接或间接的方式,BCS 已成功地将 700 多家生产和贸易企业引入了有机行列之中。每年有 3 万多家有机食品生产企业和近千家有机食品加工、贸易企业长年接受 BCS 的考察认证。

BCS 与美国的 QAI(QUALITY ASSURANCE INTERNATIONAL)达成了互换证书的协议,并得到了日本有机法的认可。这样,通过了 BCS 认证的产品不仅可以在欧洲销售,也可进入美洲与日本市场。另外,BCS 还与瑞士的 Bio Suisse 达成了合作协议。如果想将认证了的有机产品出口至瑞士,BCS 还能在 BCS 的有机认证基础上,提供瑞士的 Bio Suisse 有机认证的服务。瑞士的 Bio Suisse 有机认证要求比欧盟有机法规 2092/91 在某些方面更严格、更苛刻(图 6-13 至图 6-18)。

图 6-13 德国 BCS 有机标志

图 6-14 德国 ECOCERT 有机标志

图 6-15 瑞士 IMO 标志

图 6-16 日本 JAS 有机标志

图 6-17 瑞士 Bio Suisse 标志

图 6-18 美国 QAI 标志

任务二 掌握有机农产品的生产与加工技术

一、学习准备

(一)知识准备

如何生产和加工有机农产品?

1.有机农业——生产有机农产品

以生态友好和环境友好技术为主要特征的有机农业,已经被很多国家作为解决食品安全、保护生物多样性、进行可持续发展等一系列问题的一条可实践途径。以有机农业方式生产的安全、优质、环保的有机食品和其他有机产品,越来越受到各国消费者的欢迎。为推动和加快我国有机产业的发展,保证有机产品生产和加工的质量,满足国内外市场对有机产品日益增长的需求,减少和防止农药、化肥等农用化学物质和农业废弃物对环境的污染,促进社会、经济和环境的持续发展,中国认证机构国家认可委员会(CNAB),根据联合国食品法典委员会(CAC)《有机食品生产、加工、标志及销售指南》(GL 32—1999,Rev. 1—2001)和国际有机农业运动联合会(IFOAM)有机生产和加工的基本规范并参照欧盟有机农业生产规定(EEC No. 2092/91)以及其他国家(德国、瑞典、英国、美国、澳大利亚、新西兰、日本等)有机农业协会和组织的标准和规定,结合我国农业生产和食品行业的有关标准,制定本《有机产品生产和加工认证规范》,为我国有机食品的生产、加工和认证标准化生产提供了保障。

2.有机农业的基本原理

有机农业的生产原理是以生物学、生态学为理论指导,以实现生态环境、经济、社会三大功能完美结合及可持续发展为目标，其基本原理可概括为 4 个方面。

（1）相对封闭的生物营养循环体系原理

有机农业生产禁止使用化学制剂（化肥、农药、各种添加剂等），尽量减少生产系统对有机生产体系区域外部物质的依赖。强调生产系统内部营养物质的循环持续利用。也就是把有机农业生产体系内的人、土地、动植物以及人类生产活动的区域视为一个相互关联的有机整体，把农业生产系统中的各种有机废弃物（如人畜禽粪便、作物秸秆和残茬等），经过科学处理后，重新投入到农业生产系统中去。同时，这个循环系统不只是单一的作物种植，而是强调种养结合，农林牧副渔合理配置，从而实现营养物质循环利用的综合农业体系。通过营养物质的循环利用，可以大大地减少外部物质的投入，建立一个健康、经济的物质生产体系。即使必要从外部补充部分营养，也只能以经过认证机构认证的有机肥料或矿物质肥料的形式加以投入（图 6-19）。

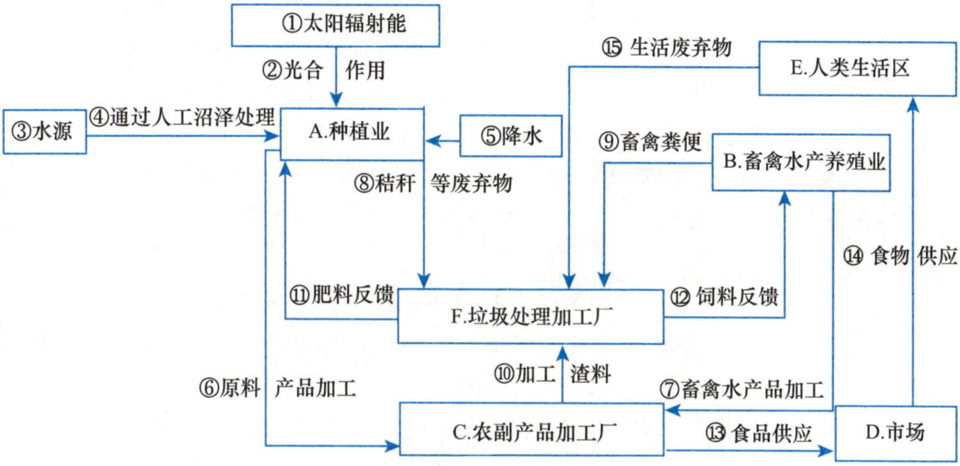

图 6-19　有机（生态）农业生产体系示意图

（2）土壤是一种活的生命系统的原理

健康的土壤→健康的植物→健康的动物→健康的食物→健康的人类，对陆生植物而言，土壤是这一生物的营养链——即农业系统内营养物质循环的源头，其中含有丰富的土壤微生物，通过邮寄方式改良土壤，促使微生物迅速繁殖，在一般土壤每克土壤有 4 000 万～1 亿个微生物可提高到 1 亿～5 亿个，而活着植物的根系分泌物和施入土壤的有机粪肥、作物残茬与绿肥等都能为土壤中的这些生命体提供营养，这些有机肥通过土壤微生物的加工、分解又反过来为植物生长提供所需的营养物质，同时，土壤对其含有的各种有机物和化学物质的化合分解能力提高，土壤的生态环境系统得到恢复，蚯蚓、有益昆虫和小动物重新出现，如蟑螂目、七星瓢虫、草蜻蜓、花牛虻、蜘蛛、青蛙、啮齿类、蠕虫类、蚂蚁等出现或潜伏在土壤里，为有机农业生产奠定基础。而不像常规无机农业那样用化肥直接为植物提供营养，结果致使土壤团粒结构破坏，水土流失，肥力下降。

肥沃土壤的条件是水分25%以上，空气25%以上，土壤有机质5%以上的三相平衡条件，土壤氧气的浓度达到15%以上时新根才能发生，10%以上时根生长正常，5%左右时生长缓慢，2%～3%时则停止生长。因此说，健康的土壤是有生命的。土壤生物(微生物、昆虫、蚯蚓等）的活性决定着土壤肥沃的程度。肥沃健康的土壤具有稳定的团粒结构，能顺利进行水、肥、气、热循环，从而为保持植物最佳生命状态和较强的抗病虫能力提供理想的土壤环境。

(3)应用生态学防治作物病虫害的原理

农业生态系统中，害虫和益虫的密度处于一个不断变化的动态平衡系统之中，它们之间始终维持着一种相生相克，此消彼长的关系。害虫也是自然界固有的组成部分，是天敌(包括益虫）的食物。因此，有机农业生产中的病虫害防治，首先在于采取适当的农艺措施，建立合理的作物生长体系和健康的生态环境，提高有机生产系统内自然生物防治能力，抑制害虫的暴发，而并非像常规农业那样力求彻底消灭害虫。为了抑制害虫的暴发，有机农业还可以通过提高农业生态系统内物种的多样性来实现减灾。有机农业生产体系内物种越丰富，系统就越稳定，自然调控能力就越强。

(4)保持养殖业的适载量和遵循动物自然习性饲养管理的原理

所谓养殖适载量原理，也就是说在有机农业生产体系内，能生产多少饲料就饲养多少与之相适应的畜禽。有机农业的封闭循环不仅指不从外界购买肥料，也包括不从外界购买饲料。如果通过从外界购买饲料而过量饲养畜禽，就必然会产生大量的有机粪便过量施入土壤，改变土壤表层结构，从而引起更复杂的环境问题。因而，有机农业要求农民只能养殖生产体系内适度承载的畜禽量，使种植和养殖处于一种相互平衡和良性循环的关系之中。

所谓遵循动物自然习性的原理，现代养殖业片面追求动物的高产和快速增长，导致畜禽的工厂化集约饲养。有机农业要求农民首先要从思想上尊重畜禽；在管理上能够按其天生的行为习惯进行管理；在饲养上主要喂给有机饲料，力争系统内饲料自给，在不得不购买非有机饲料的情况下，购买部分不应超过所需饲料干物质的10%～20%；在疾病防治上，应以改善管理方法预防为主，一旦发病，即通过隔离进行自然疗法治疗，对严重的疫病，要尽快通过焚烧和掩埋进行处理。有机农业拒绝使用化学合成药物进行畜禽疾病的日常治疗和预防。

3.有机农产品生产的基本条件

(1)生产要求

①生产基地在最近3年内未使用过农药、化肥等违禁物质。

②种苗来自于自然界,未经基因工程技术改造过。

③生产单位需建立长期的培肥地力、植保、轮作和畜禽养殖计划。

④生产基地无水土流失及其他环境问题。

⑤产品收获、贮运输过程中未受化学物质的污染。

⑥种植转换期需要两年以上,新开垦荒地例外。

⑦有机生产的全过程必须有完整的记录档案。

(2)加工要求

①原料必须是来自已获得有机颁证的产品或野生没有污染的天然产品。

②已获得有机认证的原料在终产品中所占的比例不得少于95%(不包含水分)。

③只使用天然的调料、色素和香料等辅助原料,不用人工合成的添加剂。

④有机食品在生产、加工、贮存和运输过程中应避免化学物质的污染。

⑤加工过程必须有完整的档案记录,包括相应的票据。

4.我国有机农产品生产面临的问题

①有机食品在我国还是新生事物,生产者和消费者的优质意识需要不断发展和完善。

②有机生产法规标准众多:世界有机产品的生产却远远不能满足消费者的需求,根据欧盟规定,进入欧盟国家的农产品必须有与类似欧盟有机产品法规、生产标准和认证管理体系。

④认证监管体系标准不一:我国境内除国家环境保护总局有机食品发展中心(OFDC)、中绿华夏有机食品认证中心(COFCC)等从事有机认证的机构外,还有美国、欧盟等国家有机产品颁证机构,有时结论不一致。

⑤生产组织力度薄弱:在有条件的地区有步骤、有计划地进行,防止一哄而上,盲目发展。

⑥生产技术不够完善,表现在有机生产资料少,有机生产技术匮乏。

5.有机食品生产的关键技术

有机生产和加工以社会经济与环境相协调的可持续发展思想和原理为基础,通过有机生产和有机产品的贸易实现以下目标:

第一,严格遵守有机生产标准,生产优质产品,满足社会的高档产品需求;

第二,保持生产体系和周围环境的生物多样性,保护野生动、植物的栖息地;

第三，尽可能利用当地生产系统中的可再生资源并促进水资源的合理利用和保护；

第四，促进耕作系统中生物循环和物质循环、保持和提高土壤的长效肥力；

第五，生产可完全生物降解的有机产品，使各种形式的污染最小化；

第六，通过适当的政府补贴，保护生产者和加工者的利益，满足他们的基本需求，努力使整个生产、加工和销售链都能向公正性、公平性和生态合理性的方向发展。

(1)生产场地环境条件的基本要求

①申请认证的农场应是边界清晰、所有权和经营权明确的农业生产单元。多个农户在同一地区从事农业生产，且这些农户都愿意以有机方式开展生产，并且建立了包括内部质量跟踪审查在内的严密的组织管理体系，那么这些农户所拥有的土地可以被看作是整体的有机农场。

②如果一个农场同时以有机方式及非有机方式(包括常规和转换)种植或养殖同一品种的作物，则必须在满足下列条件之一的前提下，有机地块生产的作物才可作为有机产品销售：

农场经营者拥有多个分场，在不同分场间存在平行生产的情况，但各分场使用各自独立的生产、贮存设施和运输系统。

向认证机构报告平行生产的动植物品种，并制订和实施了平行生产、收获、贮藏和运输的计划，具有独立和完整的记录体系，可确保能够明确区分有机产品与常规产品。

③一年生作物的转换期一般不少于 24 个月，多年生作物(如多年生之果树、茶树等)的转换期一般不少于 36 个月。新开荒地或撂荒多年的土地和一直按传统农业方式耕种的土地也要经过至少 12 个月的转换期。

④如果农场的有机生产区域有可能受到邻近的常规生产区域污染的影响，则在有机和常规生产区域之间必须设置缓冲带或物理障碍物，保证有机地块不受污染。

(2)作物品种的选择

应选择能适应当地的土壤和气候特点、对病虫害有抗性的作物种类及品种，应尽量使用有机种子和种苗，禁止使用包衣种子和任何转基因作物品种。

(3)作物栽培

①基本要求。禁止连续种植同一种作物，但牧草、多年生作物以及在特殊地理和气候条件下种植的水稻例外。应采用包括豆科作物或固氮绿肥在内的至少三种作物进行轮作；在一年只能生长一茬作物的地区，允许采用包括豆科作物在内的两

种作物的轮作。

②土壤肥培管理。适时采取土样分析，了解土壤理化性及肥力状况，作为土壤肥培管理之依据。

施用农家自产之有机质肥料、经充分腐熟之堆肥或其他有机质肥料，以改善土壤环境，并供应作物所需养分。保证施土壤的肥力和土壤生物的活性；提倡利用豆科作物的轮作、间作和土地休整进行，以维护并增进地力；

农场中施用肥料的种类和数量不应对环境造成污染，有机质肥，重金属含量应符合(有机农业灌溉水质及土壤、有机质肥料之重金属容许量标准)。这些肥料应主要来自有机农场，遇特殊情况(如采用集约耕作方式)或处于有机转换期或证实有特殊的养分需求等，经认证机构批准可以适当增加农场外的肥料投入量。每生产年度施入纯氮不得超过 170 kg/hm^2。

非人工合成的矿物肥料和生物肥料只能作为培肥土壤的辅助材料，而不可作为系统中营养循环的替代物。矿物肥料必须保持其天然组分，禁止采用化学处理提高其溶解性。

图 6-20 行间覆盖地膜防治杂草

用于有机肥堆制的添加微生物必须来自于自然界，而不是基因工程产物。

禁止使用化学肥料和城市污水污泥。

③水分管理。根据当地情况制定合理的灌溉方式(如滴灌、喷灌、渗灌等)控制土壤水分，有效地调节土壤肥力状况；

有机农业生产灌溉用水水质必须符合 GB 5084 一级农田灌溉水质标准；

有机地块的排灌系统与常规地块应有有效的隔离措施，以保证常规地块的水不会渗透或漫入有机地块。

④杂草控制。以人工或机械中耕除草，允许采用热法控制草害，不允许使用合成化学物质。

采取敷盖、覆盖、翻耕、轮作及其他物理或生物防治方式，适度控制杂草之发生。

不允许使用任何基因改造生物之制剂及资材。

⑤病虫害管理。采取轮作及其他耕作防治、物理防治、生物防治、种植忌避或共荣植物及天然资材防治等综合防治法(图 6-21、图 6-22)。

图 6-21 黄板诱杀

图 6-22 糖醋液诱虫

图 6-23 诱虫灯系列

表 6-1 作物病虫害防治中允许和限制使用的物质/方法

允许使用的物质/方法名称	限制允许使用的物质/方法名称
海藻制品、二氧化碳、明胶、蜂蜡、硅酸盐、碳酸氢钾、碳酸钠、氢氧化钙、高锰酸钾、乙醇、醋、奶制品、蚁酸、软皂、植物油、黏土、石英砂、机械诱捕、灯光诱捕、释放天敌	植物源的驱避剂、不含禁用物质的病毒、真菌和细菌制剂(如 Bt)、直接从植物和动物提取的杀虫、杀菌剂;硫黄、石硫合剂、二氧化硫、漂白粉、生石灰、碳酸氢钠、轻矿物油(如石蜡)、硅藻土、波尔多液;热法消毒*1、昆虫性外激素*2

注:*1 限用于那些难以实施轮作和土壤更新的地区,并须获得认证机构的许可。
*2 只限于在诱捕器和散发器皿内使用。

允许有限制使用如表 6-1 所列的限制使用物质,以防病虫害发生。

提倡通过释放天敌来防治虫害;允许使用软皂、植物源杀虫剂或当地生长的植物提取剂等;允许在诱捕器和散发器皿中使用性诱剂,允许使用物理性防治措施(如防虫网、黄板等)。

不允许使用合成化学物质及对人体有害之植物性萃取物与矿物性材料。

不允许使用任何基因改造生物之制剂及资材。

(4)污染控制

①常规农业系统中所用的设备在用于有机生产前,必须得到充分清洗,以去除上面的污染物残留。

②在使用保护性的建筑覆盖物、塑料薄膜、防虫网和青贮饲料包装材料时,只允许选择聚乙烯、聚丙烯或聚碳酸酯类产品,并且在使用后必须从土壤中清除,禁止在田地上焚烧。禁止使用聚氯类产品。

③禁止使用合成的植物生长调节剂。

④如果检测表明农场地块或作物的农药残留,重金属含量超过相应的国家标准,认证机构将取消对该农场地块的认证。

(5)收获

确保有机农产品不会受到非有机农产品之混杂或污染,采收过程及其收获后均应与一般农产品分开处理。有机农产品收获后处理不允许添加或使用合成化学物质,也不允许以辐射或熏蒸剂处理。

6.加工有机食品的规范与要求

(1)场址设置及各部分卫生保障情况

①应远离重工业区,或与重工业区之间有足够的护林带。

②应远离居民区,加工厂周围不得有垃圾堆、粪场、露天厕所和传染病医院。

③应设置在污染源、传染源的上风方向。

④应设置"三废"净化装置。

(2)各部分设施卫生保障情况

有机加工应制订正式的卫生管理计划,该计划要符合国家或地方卫生管理法规,并应提供以下几方面的卫生保障:

①外部设施(垃圾堆放场、旧设备存放场地、停车场等)。

②内部设施(加工、包装和库区)。

③加工和包装设备(防止酵母菌、霉菌和细菌污染)。

④职工的卫生(餐厅、工间休息场所和厕所)。

(3)有机食品加工应配备专用设备

有机食品的生产加工应当配备有专用的加工设备。如果有条件,加工厂应该尽量设立有机加工专用车间或生产线,这是确保加工过程的有机完整性的有力保障,同时,也可以减少管理的复杂性和检查的难度。然而在许多情况下,由于有机产品的加工量比较少,或者由于市场需求的多样性,很难要求加工者满足这一条件。因此,标准中有允许进行平行加工的条款,不但允许进行不同品种的有机与常规或转换产品之间的平行加工,而且还允许进行同一品种的有机与常规或转换产品的平行加工。这就需要加工者认真地采取严格的加工、清洁、清洗、包装、仓储和运输等,将有机与常规或有机转换产品的原料、半成品和成品区分开来,并严格做好记录,做到可以随时接受认证机构的检查和审核。如果管理不善,发生产品混合等情况,则有可能给有机颁证带来严重影响。

如果在开始有机加工前,无法依靠一般方法彻底清除留存在加工设备中的常规或转换产品的话,则要求加工厂严格采取下述措施:如果要使用加工过常规产品或转换产品的设备加工有机产品,则应先用少量有机原料在设备中进行"冲顶"加工,将残存在设备里的前期加工物质随同冲顶加工的产品一起清理出去,然后将这少量的有机原料加工出来的冲顶产品作为常规或转换产品处理,此后再清理好设备，才能正式开始有机产品的加工。对冲顶加工的运作全过程(加工、包装、仓储、运输)及冲顶加工产品的处置(包括销售)必须有详细记录，检查员在检查时必须能得到并审核这些记录和销售单据。

(4)加工工艺要求

①加工工艺应不破坏食品的主要营养成分。可以使用机械、冷冻、加热、微波、烟熏等处理方法及微生物发酵工艺；可以采用提取、浓缩、沉淀和过滤工艺，但提取溶剂仅限于符合国家食品卫生标准的水、乙醇、动植物油、醋、二氧化碳、氮或羧酸，在提取和浓缩工艺中不得添加其他化学试剂。关于在有机加工中是否应当允许使用微波技术，是目前国际上争论的一个议题。我国的标准是允许使用的，但既然有些国家(地区)的标准禁止使用，我国的有机从业者在从事有机产品出口业务过程中必须充分考虑这一因素。

标准在这里对烟熏没有提出特定要求，但在实际操作中必须注意，这里不包括使用人工合成的化学物质进行烟熏的情况。标准中禁用的物质在烟熏中同样是禁止使用的。

不能大量使用允许使用的物质来取代禁用物质，如使用大量的食盐来取代化学防腐剂等，因为这样会造成对产品营养成分或质量的明显影响。从这一条标准看，有机食品并不是完全拒绝使用化学品，但允许使用的化学品却是十分有限的，而且要求完全符合国家食品卫生标准。

②加工用水的水质必须符合 GB 5749 的规定。加工用水分为加工产品直接接触的水和清洁用水，对前者要求比后者严格。但作为有机产品，主要是有机食品的加工厂，标准要求两种用水的水质都要达到饮用水的卫生标准。如果冲洗、洗刷用的水不符合卫生要求，则很可能会通过设备、仓库和运输工具等污染产品(食品)，从而影响其质量和有机完整性。

③禁止在食品加工和贮藏过程中采用离子辐照处理。采用 X 射线、伽马射线或者电子束等高能射线，对食品进行短时间的辐射处理(离子辐照)，可消灭或者减少食物中的细菌、寄生虫、霉菌和其他微生物。辐射能可以分解这些有机体中的分子链，消灭这些微生物，或者使它们不能再繁殖。照射的剂量根据食物品种的不同而有所不同。由于离子辐照会改变食品的分子结构，其使用对人类的影响还在争议之中，因此在有机加工中是禁止使用的。

④禁止在食品加工中使用石棉过滤材料或可能被有害物质渗透的过滤材料。石棉已经被全世界公认为高致癌的危害人类健康的致命纤维，即使在常规加工生产中也已经受到严格控制，在有机食品的加工中则被禁止使用，特别是禁止作为过滤材料使用。

7. 有机食品加工和贸易的要求

(1)做好有害生物防治工作

①有机加工者和贸易者必须采取以下管理措施来预防有害生物的发生。消除有害生物的滋生条件;防止有害生物接触加工和处理设备;通过对温度、湿度、光照、空气等环境因素的控制,防止有害生物的繁殖。

②允许使用机械类的、信息素类的、气味类的、黏着性的捕害工具、物理障碍、硅藻土、声光电器具,作为防治有害生物的设施或材料。

③允许使用以维生素 D 为基本有效成分的杀鼠剂。

④在加工贮藏场所遭受有害生物严重侵袭的紧急情况下,提倡使用中草药进行喷雾和熏蒸处理;限制使用硫黄。

⑤禁止使用持久性和致癌性的农药和消毒剂。

(2)有机食品销售技术规范

①销售单位必须经有机食品发展中心或其授权机构批准后,才能进行有机(天然)食品的销售。

②从事销售的工作人员必须按食品卫生管理的规定,保持衣服、手以及周围环境的卫生和清洁。工作人员应经常对室内进行清洗与消毒。

③销售点必须远离厕所、坑塘、垃圾以及生产有毒有害化学物品的场所。

④必须有合乎有机(天然)食品生产用水标准的水源,并配有盛放污水秽物的专门容器,销售点的室内及地面应易于冲洗。

⑤室内建筑材料不能对环境和有机(天然)食品产生污染,不使用对有机(天然)食品有污染或潜在污染的物品。室内必须保持卫生清洁,配备有机(天然)食品贮藏、防蝇、防鼠及防尘设备,严格禁止犬、猫进入。

⑥在销售时所用的容器、餐具必须严格消毒,禁止使用会对有机(天然)食品产生污染的容器。容器、餐具消毒后必须彻底清洗干净。

⑦允许使用物理、机械的方法消毒,使用的方法可以是湿热、干热、低温、干燥及紫外光消毒等。禁止使用人工合成的洗涤剂或杀虫剂作为消毒剂。

⑧销售单位在进货时必须严格按照有机(天然)食品的质量标准对货物进行认真检查,检查内容包括规格、质量、品质及卫生状况等。拒绝接受不符合标准的物品。售货员对所出售的产品应随时进行检查,一旦发现有变质,不符合标准的食品应立即停止出售。

⑨有机(天然)食品销售点内的食品在贮藏或堆放时,必须按不同的品种采取不同的堆放与贮藏保管方法,禁止不同类型的食品混放与胡乱堆放。

⑩设立有机(天然)食品销售专柜,实行先进先销和销售、收费、消毒以及工具

专人负责制度。严禁有机食品与普通食品混合销售(图 6-24)。

⑪不同食品销售时必须用不同的包装,尽量不用手接触食品。操作台、地面、墙壁、空气、手套等都要定期进行严格冲洗与消毒(图 6-24)。

图 6-24 有机食品专柜销售

8. 有机食品包装、贮藏和运输规范

(1)包装

①有机食品包装的基本要求。有机食品的包装提倡使用由木、竹、植物茎叶和纸制成的包装材料,允许使用符合卫生要求的其他包装材料(图 6-25,图 6-26);包装应简单、实用,避免过度包装,并应考虑包装材料的回收利用;允许使用二氧化碳和氮作为包装填充剂;禁止使用含有合成杀菌剂、防腐剂和熏蒸剂的包装材料,以及禁止使用接触过禁用物质的包装袋或容器盛装有机食品。

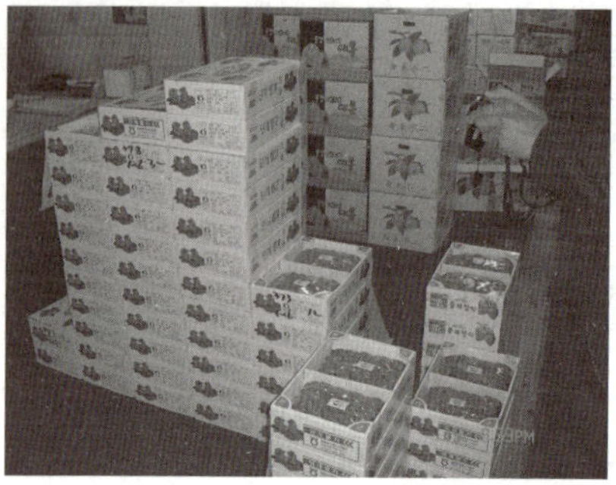

图 6-25 草莓纸质包装

图 6-26 梨的包装

②有机食品包装注意事项。豪华和过度包装都是对资源的浪费，也是对生态环境的间接破坏,是不符合发展有机事业的原则的。目前国内有些企业的有机产品包装有日趋豪华的倾向,尤其是在有机食品发展初期,相当一些产品是作为礼品赠送的,过度注重包装了,这是值得引起注意并需要纠正的。当然,提倡简单实用包装也不是对外观没有任何要求,而是要求能尽量体现出有机产品的自然、环保的本色。

包装材料是检查中容易忽视的一个环节。而实际上,为了防虫等目的,有些包装材料或容器是经过杀菌剂、防腐剂或熏蒸剂处理过的,因此很可能会污染到产品,从而影响产品的有机完整性。检查员在检查时会将产品包装作为一个必需的环节实施检查。一般情况下，有机加工要求有机产品采用专用包装箱、包装袋等容器，并且提倡在保证清洁卫生的前提下循环使用。有些条件比较差、管理也比较松懈的地方，常常会发生使用旧的包装袋，特别是化肥袋来包装有机原料的情况，有的甚至继续利用这些包装物来包装产品，这些都是违反有机产品国家标准要求的，而且很可能因为这一环节的失误而导致前功尽弃。因此，包装材料的性质及其使用也是检查员在检查中会特别注意的一个方面。

(2)贮藏

①贮藏的基本要求。经过认证的产品在贮存过程中不得受到其他物质的污染，贮藏产品的仓库必须干净、无虫害、无有害物质残留，在最近 5 d 内未经任何禁用物质处理过；除常温贮藏外，允许采用贮藏室空气调控、温度控制、干燥调节和湿度调节等贮藏方法；有机产品应单独存放，如果不得不与常规产品共同存放，必须在仓库内划出特定区域，采取必要的包装、标签等措施确保有机产品不与非认证产品混放；产品出入库和库存量必须有完整的档案记录，并保留相应的单据。

②贮藏中的注意事项。仓库的清洁卫生是确保加工产品有机完整性的前提。必须清楚，这里的 5 d 指的也是库房内没有原料、半成品和产品的前提下采用过禁用物质处理(主要是熏蒸和喷雾)的情况。申请者和加工者必须牢记这一原则，绝不能误解为可以在物资存在的情况下实施熏蒸和喷雾。

我国的标准允许有机产品与转换产品或常规产品共同存放在同一个仓库内，欧盟标准则不允许。所以，有条件的加工厂应尽量将不同性质的产品分别存放，这样才能在任何时候都能满足国内和国外的标准要求。

关于出入库记录，一般加工厂都有比较完整的规程，但问题在于多数加工厂原来并没有有机加工，因此往往会使用常规方法进行有机产品(包括原料和半成品)的出入库记录。而实际上，对有机产品有严格的跟踪批号的要求，同时要求有为有机产品和原料专门设计的出入库记录单，而不能简单地沿用原来的常规记录单。

出入库记录有一个重要的作用，就是检查员和认证机构可以根据这些记录和现场审核，得知该加工厂往年以及当年的原料与产品库存量，以此进行物料核算，可以有效地控制加工厂有机产品的销售。这类记录的另一个重要作用是相关方可以从加工厂的这些记录中，按产品批号，从出库的产品一直跟踪到原料。

③规范化贮藏的作用。如果工厂能够提供出完整、规范、系统的包括原料收购、原料贮存、原料测试、各加工过程、配料与其他物质的购买与投入、产品包装、产品贮存、产品运输和产品销售等的记录文档，再附以其他的证明材料，加上清

洁整齐的车间和设备以及规范、卫生的库房和车辆等，就可以基本上满足检查的要求。最好还能将加工厂从原料收购、原料进厂入库、初加工、精加工、包装、贮存、运输、废弃物处理、仓库的清洁、运输车辆的清洁等所有过程都用照相机、摄像机拍摄下来，保存为档案记录，随时备查，这样可以大大加强记录体系的可信度，更有利于检查员和颁证委员会对加工厂进行审核，也可以加快认证的速度。

(3)有机(天然)食品运输

①运输的基本要求。运输工具在装载有机产品前应清洗干净；有机产品在运输过程中应避免与常规产品混杂或受到污染；在运输和装卸过程中，外包装上的有机认证标志及有关说明不得被玷污或损毁；运输和装卸过程必须有完整的档案记录，并保留相应的单据备查。虽然允许在确保严格区分的前提下将有机产品与常规产品存放在同一个仓库内，甚至使用同一个运输工具，但绝对禁止有机产品与化学品，尤其是有毒化学品贮存在一处或放在一起运输，也不允许用运输过有毒化学品的车辆来运输有机产品，这类车辆即使清洗过的也不行。运输同样是确保有机产品的有机完整性的关键环节之一，也是绝不可掉以轻心的。有机认证机构要求贸易者能随时提供有机运输的记录和清洗有机产品运输设备的记录或证明。

②有机食品运输注意事项。加工者往往忽视运输环节，特别是不习惯于将运输工具的清洗或清扫过程记录下来。然而，要成为一个合格的有机加工者或销售者，就必须养成对仓储、运输和销售的全过程实施保存规范并全面记录的习惯。因为有机产品的运输往往是加工厂有机产品运转链中的最后一道程序。

(二)资料准备

(1)图书馆或资料室

利用现有的图书馆或资料室以及报刊，查找有关有机农产品的信息资料。

(2)利用现有的电脑、网站、Wifi 等网络环境条件

查找有关有机食品的生产、加工、监控等方面的信息资料。

(3)通过网络，查找国外关于有机食品生产、加工的相关案例

(4)教师准备的资料单

关于有机食品生产、加工、监控的相关文章。

(5)推荐网站

中国有机食品网、中国有机农业网、中国有机食品信息网、中国有机食品交易网等。

二、项目设计与实施

如何设计和实施学习任务？

(一)项目设计

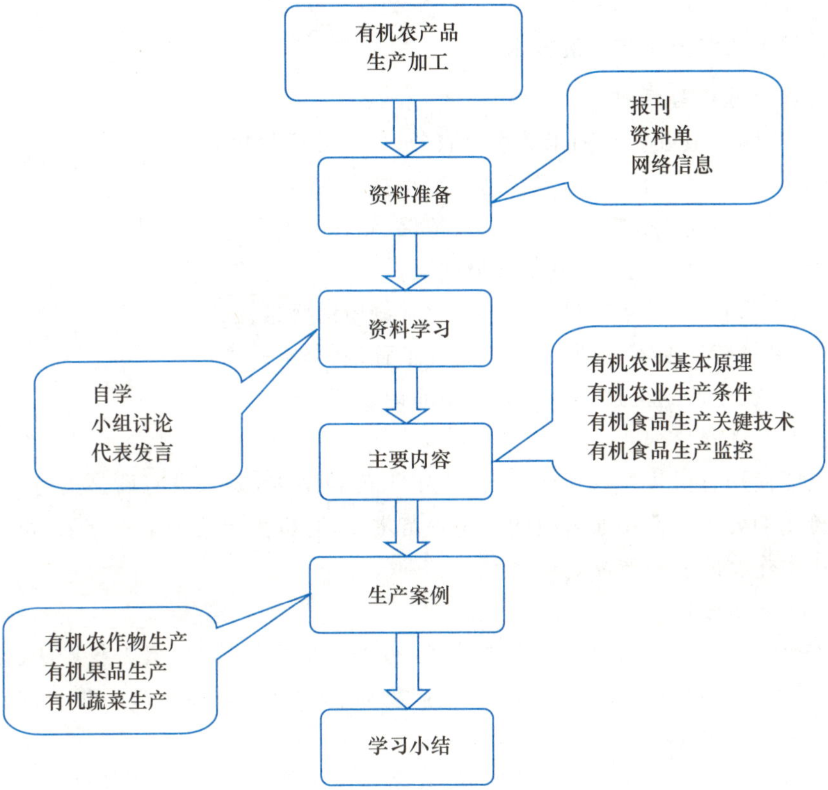

(二)项目实施

(1)安排学生课前预习有机农产品的生产与加工

(2)在教师的指导下，通过多种信息渠道查询资料

关键词有：有机农产品、生产、加工、监控等。

(3)汇总查找的相关资料

(4)每人写一份学习收获

(5)小组讨论，用集体的智慧完成一份较好的学习收获体会

(6)每组选一个代表，在全班讲解小组的学习路径、学习收获，组员补充收获的内容

(7)教师组织发动全班同学讨论、评价各小组的学习情况,达到全班同学共享学习资源和收获体会,巩固所学的知识内容

三、学习拓展

有机苹果是如何生产的?

(一)有机苹果生产关键技术

1. 园地选择与规划

(1)果园在最近 3 年内未使用过农药、化肥等违禁物质。

(2)种苗来自于自然界,未经基因工程技术改造过。

(3)果园需建立长期的培肥地力、植保、轮作和畜禽养殖计划。

(4)果园无水土流失及其他环境问题。

(5)产品收获、贮运输过程中未受化学物质的污染。

(6)种植转换期需要两年以上,新开垦荒地例外。

(7)有机生产的全过程必须有完整的记录档案。

2. 品种选择

只能使用有机生产获得的种子,一年生苗和砧木,如果没有商品的有机种子,要经转化期处理。使用非有机的一年生苗木,在有机生产管理下一年后,可用于生产多年生作物的有机产品。

3. 土肥水管理

①土壤改良。土壤改良的方法较多,主要有生草栽培法、覆盖栽培法、轮作栽培法、增施腐熟农家肥、增施果木碎屑、矿物质、土壤深耕、促进微生物、蚯蚓增殖、使用有机肥料等。

②有机肥的施用技术。施肥时间:春季是在土壤解冻后至开花进行。

秋季中熟果实采收后,晚熟品种采收前进行。

施肥数量:每亩按 2 000～4 000 kg,确定每株树的施肥量。

挖穴状施肥坑:在外围延长枝垂直向下 20～30 cm 内侧挖 2～4 个长、宽、深各 40～60 cm 的坑。

挖坑起垄:在施肥穴外(行间)起土,覆盖树下,高度 15～20 cm,树干周围 3～5 cm 处不埋土。

做灌水沟:顺行向或灌水方向,紧贴施肥坑外缘做宽、深分别为 20～40 cm 的灌水、排水沟。

覆盖黑色地膜:每边多为 1～2 m。

③浇水。按 NY/T 441—2001 的 6.3 规定执行。

4. 整形修剪

良好的树体结构应符合以下几点:

①主干高、园内通风透光好。

②主枝分布合理、树膛光照好。

③大主枝着生斜背上枝组、枝枝组分布合理。

④树冠叶、果、枝全部见光。

⑤培养主枝两侧下垂结果枝组,形成立体结果树型。

⑥冬剪后枝量 5 万~7 万/亩。

⑦主枝两侧只培养结果枝组,不留大侧枝。

⑧其他参照 NY/T 441—2001 的 7 规定执行。

5. 花果管理

按 NY/T 441—2001 的 8 规定执行。

6. 病虫害防治

(1)春季病虫害的防治

①刮树皮;清除果园内的枯枝落叶和杂草,剪除树上的枯枝和僵果,消灭越冬病菌。

刮除腐烂病,要刮至本质部并彻底清除木质部上病斑。烂皮刮除后要清边 0.5~1.0 cm,清边要整齐、光滑,伤疤呈菱形,以免存水后旧病复发。刮好后要及时涂药消毒。

②萌芽前喷 5 波美度的石硫合剂,铲除多种病害。

③在初花期、盛花期、落花期各喷一次 0.2%的硼砂,既可防治缩果病的发生,又可提高坐果率。

④蚜虫发生严重的果园,可以萌芽前喷 5%的柴油乳剂。

⑤花前和花后 1 周喷 0.3 波美度的石硫合剂可防治红蜘蛛及白粉病。

⑥花后是卷叶蛾越冬幼虫夜蛰盛期,采取人工摘除虫梢的办法进行清除。

(2)生长季病虫害防治

主要防治重点是腐烂病、果实病害、早期落叶病、桃小食心虫、天牛。

腐烂病的防治:6 月用药液涂抹树干,可控制新疤,预防旧疤复发。8 月是发病高峰期,继续刮除伤口,涂抹药剂。

果实病害和早期落叶病的防治:6 月中旬喷 1∶2∶200 倍波尔多液,7 月上、下旬,8 月中旬各再喷 1 次波尔多液。

桃小食心虫:6 月上旬当发现幼虫开始连续出土时,进行地面防治,平地果园主要在距树干 1 m 范围内为喷药重点，山地果园重点喷地边、石缝、坝堰等处。8 月在第一代桃小幼虫大量脱果时，再进行第 2 次地面防治。

当果园的卵果率达 1%时，进行树上喷药防治。药剂为 0.36%的百草一号 1 000 倍液加入 0.2%的煤油或木醋液或斯氏线虫或白僵菌。

天牛：7 月是天牛的成虫盛期，中午前后或雨天晴天人工捕捉天牛成虫。在树枝上寻找成虫产卵刻槽，用刀挖除虫卵，对已蛀入树干的幼虫进行钩杀。

(3)秋季病虫害防治

该期果树进入生长后期，是果实采收季节。随着果实的采收，一些病害逐渐进入休眠状态。此时加强防治可减少贮藏期果实的腐烂，减少第二年春季病虫害的发生。

腐烂病的防治：11 月应对全园树干涂 1 次 3～5 波美度的石硫合剂，主要涂刷主干、三大主枝基部和中心干等部位。

果实病害防治：采收是轻拿轻放，避免碰伤、压伤、枝划、刺伤等。贮藏前严格剔除病果。入库贮藏温度为 1～2℃，相对湿度 90%～95%。

早期落叶病的防治：对落叶要及时清除，并集中烧掉或深埋。

采收前对堆果场进行处理以消灭越冬虫茧、减轻翌年危害，防止传播蔓延。

(4)冬季病虫害防治

结合冬季修剪剪除病虫枝。

彻底清理果园中的杂草、落叶、落果、吊绳、树干上的草把、枯枝、干橛死树等。

利用冬闲翻地或扩穴，不但可以改善土壤结构，而且可以消灭在土中越冬的病菌和害虫。

从 2 月下旬至 3 月上旬进行刮老皮，不但可以清除老翘皮下的病虫，同时也可促进果树的代谢和生长，刮后喷 3～5 波美度的石硫合剂。

(二)有机生产注意问题

1.基地选择

生产绿色果品应建立生态环境良好的基地，果园的大气、土壤、灌溉水等环境质量要达到国家标准。目前绝大多数山地果园远离生活区、工厂等，污染程度低，十分有利于绿色果品的生产。可选择那些生态条件好的区域，对大气、土壤、水体等环境条件进行检测，将达到国家标准的区域划定为绿色果品生产基地，并施加一系列的保护措施，定期进行检测。

2.病虫害综合防治

在绿色果品生产中，病虫害防治时化学农药的使用是果品最易造成污染和污染最重的途径。因此，控制农药污染、减少农药残留就成为绿色果品生产的关键问题。在生产中，应从整个果园生态系统出发，根据有害生物与环境之间的相互关系，综合应用各种防治措施，保持果园生态系统的平衡和生物多样化，创造不利于病虫滋生和有利于各类天敌繁衍的环境条件，将果园病虫害控制在经济允许水平之下，以获得最佳的经济、生态和社会效益。

3. 合理施肥

合理施肥可增强树势，提高果树的产量和品质，提高果树的抗病虫能力；施肥不当，不仅浪费，果实品质下降，还会造成果树生长失调，使果树生长过弱或过旺，树体抗逆性减弱，结果减少，病虫害更易发生。应针对果树的生长发育特点，科学施肥，合理灌水，实现低成本、高品质生产。

4. 果实套袋

果实套袋是生产优质果品的重要措施之一，它除了改善果实外观、减少裂果外，还能防止病菌和害虫直接侵染果实，减少农药使用及农药在果实中的残留，提高果实品质。

任务三 明确有机农产品的标准与认证

一、学习准备

(一)知识准备

有机农产品的标准有哪些？如何进行认证？

1. 有机农产品的标准

(1)有机食品生产基地要求

①基地的选择。

a. 有清洁的灌溉水源。

b. 基地周围有较丰富的有机肥源。

c. 基地的经营者具备良好的生产技术基础。

d. 土地的背景状况较好，最近 3 年内未使用过农药、化肥等违禁物质。

e. 基地无水土流失、风蚀及其他环境问题，地块离交通要道有一定的距离，离土路要以没有明显的尘土为界。

f. 规模较大的基地能够得到充足的劳动力资源。

g.新垦基地既要得到国家许可，又要考虑可耕性好坏，是否有适宜的生产条件。

②基地规划。

a.调查基地情况，包括农业生产气候条件、资源状况及社会经济条件、有机转换遇到的问题等。

b.在掌握基地基本状况的基础上，本着在总体设计上要以农业生态学的原理为指导，建立多层利用、多种种植、种养结合、循环再生的模式。

c.要按有机农业的原理和有机生产标准的要求，制订详细的有关生产技术和生产管理计划及长期的土壤培肥、植物保护、作物轮作和畜禽养殖计划，建立起从土地到餐桌的全过程质量控制模式。

③建立专门的质量管理机制。目的是保证基地完全按照有机农业标准进行生产，防止有机产品与常规产品相混淆，保证有机产品在加工、贮存、运输和销售过程中不受污染。同时负责有机生产计划和生产技术的指导与咨询，监督生产计划的实施，建立严格的文档纪录体系，组织选拔技术骨干充当内部检查员和咨询员，从而保证有机生产顺利进行。

(2)有机食品产地的环境要求

①有机食品产地的大气环境标准应符合国家大气环境质量一级标准(GB 3095—82)。

②农田灌溉用水采用国家农田灌溉水质标准(GB 5084)；渔业用水采用国家渔业水质标准(GB 11607)；畜禽饮用水采用国家地面水质标准(GB 3833)；食品加工用水采用生活用水标准(GB 5749)等。

③土壤应耕性良好、无污染。土壤质量评价采用国家土壤环境标准(GB 15618)等。

④有机食品产地应避免在废水污染源(废水排放口、污水处理池、重金属含量高的污灌区和被污染的河流、湖泊、水库等)和固体废弃物(冶炼废渣、化工废渣、废化学药品、废溶剂、尾矿粉、煤矸石、炉渣、粉煤炭、污泥、废油及其他工业废料、生活垃圾等)周围进行有机农业的生产。

⑤有机食品产地严禁未经处理的工业废水、废渣、城市生活垃圾、污水等废弃物进入生产用地，采用严格措施防止可能来自系统外的污染。

以上各项环境因素都有其相应的国家标准。

(3)有机食品的生产技术规范

有机食品的生产技术规范包括农作物生产技术规范、畜禽产品生产技术规范、奶制品和蛋类生产技术规范、温室生产技术规范、蜂产品生产技术规范、香菇和蘑菇生产技术规范、芽菜生产技术规范和野生植物生产技术规范。下面介绍几类产品的生产技术规范。

①农作物生产技术规范。

a.栽培的种子和种苗(包括无性繁殖材料等)必须来自认证的有机农业生产系统。能适合当地的环境条件,对病虫害有较强的抵抗力,不使用由基因工程获得的品种。

b.严禁使用化学物质处理种子。必须进行种子处理的情况下,可使用规范中允许使用的物质和材料。

c.严禁使用人工合成的化学肥料、污水、污泥和未经堆制的腐败性废弃物。

d.在有机农业生产系统实行多种作物轮作,提倡多种植豆科作物和饲料作物。

e.主要使用本系统生产的充分腐熟的有机肥料,经过高温堆肥等方法处理后,没有虫害、寄生虫和传染病的人粪尿和畜禽粪便可作为有机肥料使用。也可使用系统外未受污染的有机肥料等。

f.可以在非直接生食的多年生作物以及至少 4 个月后才收获的直接生食作物上使用新鲜有机肥、好气处理肥、厌气处理肥等。但是供人们食用的蔬菜不允许使用未经处理的人畜粪尿。

g.允许使用自然形态的矿物肥料;允许使用木炭灰、无水钾镁矾、未经处理的海洋副产品、骨粉、鱼粉和其他类似的天然产品,以及液态或粉状海草提取物;允许使用植物或动物生产的产品,如生长调节剂、辅助剂、湿润剂、矿物悬浮液等。

h.严禁使用硝酸盐、磷酸盐、氯化物等营养物质以及会导致土壤重金属积累的矿渣和磷矿石。允许使用农用石灰、天然磷酸盐和其他缓溶性矿粉,但天然磷酸盐的使用量,不能使总氟含量平均每年每 666.7 m^2 超过 0.35 kg,温室平均每年每 666.7 m^2 超过 0.7 kg;允许使用硫酸钾和含有硫酸盐的痕量元素矿物盐,使用时配制成溶液,均匀喷洒。

i.严禁使用人工合成的化学农药和化学类、石油类以及氨基酸类除草剂和增效剂,提倡生物防治和使用生物农药。允许使用石灰、硫黄、波尔多液、皂类物质、植物制剂、醋和其他天然物质来防治作物病害。允许使用皂类物质、植物性杀虫剂、微生物杀虫剂以及外激素、视觉性和物理捕虫设施防治虫害。

j.提倡平衡施肥。可以使用塑料薄膜覆盖方法除草,但要避免把农膜残留在土壤中。采用限制杂草生长发育的栽培技术等措施以及机械、电力、热除草和微生物除草剂等方法来控制和除掉杂草。

②畜禽生产技术规范。

a.选择适合当地条件、生长健壮的畜禽作为有机畜禽生产系统的主要品种。

在繁殖过程中应尽可能减少品种遗传基质的损失，保持遗传基质的多样性。

b. 可以购买不处于妊娠最后 1/3 时期内的母畜。但是，购买的母畜只在按照有机标准饲养 1 年后，才能作有机牲畜出售。可从任何地方购买刚出壳的幼禽。

c. 根据牲畜的生活习性和需求进行圈养和放养。给动物提供充分的活动空间、充足的阳光、新鲜空气和清洁的水源。

d. 养绵羊、山羊、猪等大牲畜时，应给它们提供天然的垫料。有条件的地区，对需要放牧的动物应经常放牧。

e. 牲畜的饲养环境应清洁和卫生。不在消毒处理区内饲养牲畜，不使用有潜在毒性的材料和有毒的木材防腐剂。

f. 不允许用人工授精方法繁殖后代。严禁使用基因工程方法育种。禁止给牲畜预防接种（包括为了促使抗体物质的产生而采取的接种措施）。需要治疗的牲畜应与畜群隔离。

g. 不干涉畜禽的繁殖行为，不允许有割禽畜的尾巴、拔牙、去嘴、烧翅等损害动物的行为。

h. 屠宰场应符合国家食品卫生的要求和食品加工的规定，宰杀的有机牲畜应标记清楚，并与未颁证的肉类分开。

i. 在不可预见的严重自然、人为灾害情况下，允许反刍动物消耗一部分非有机无污染的饲料，但其饲料量不能超过该动物每年所需饲料干重的 10%。

j. 人工草场应实行轮作、轮放，天然牧场避免过度放牧。

k. 禁止使用人工合成的生长激素、生长调节剂和合成的饲料添加剂。

③奶制品和蛋类生产技术规范。

A. 得到初乳的仔奶牛可以在出生后 12～24 h 内断奶。断奶后即可售出或用全脂牛奶喂养 3 个月后出售。禁止在奶牛生长期内使用激素。

B. 牛奶处理设备必须达到国家的卫生要求，每毫升牛奶中的体细胞年平均含量最大不得超过 40 万个。每毫升牛奶中细菌总量最大不得超过 10 万个。

C. 采用规范中允许的清洁物来清洗牛奶设备中的清洁器和奶牛乳房，在完成常规清洗步骤之后，至少再用净水清洗 2 次。

D. 在无法用规范中允许的措施医治奶牛的情况下，可以采用药物对奶牛进行治疗，但所生产的牛奶在 12 d 内不能作为有机牛奶出售。

E. 有机牛奶必须满足下列条件。

a. 在颁证前一年以及申请颁证期间，奶牛必须用 100%经有机食品发展中心或其授权机构颁证的有机饲料喂养。新申请颁证的奶牛在用占饲料总数 80%以上经颁证的有机饲料喂养 10 个月后，再用 100%颁证的有机饲料喂养 60 d 可以成为有机奶牛。有机奶牛生产的牛奶即为有机牛奶。

b.在不可抗拒的特殊情况下,经颁证机构批准,常规奶牛经全部用有机饲料喂养60 d后生产的牛奶可以考虑颁为有机牛奶,但这类牛奶的生产量不得超过颁证牛奶全部量的5%。

c.服用过抗生素的奶牛所生产的牛奶,经过检测表明未受污染的可作为有机牛奶。

F.奶牛的饮用水除要达到国家规定的有关细菌和微生物等方面的标准外,饮用水中硝酸盐(以氮计)的含量不得超过10 mg/L。

G.购买不足1岁的小母鸡,在按照有机生产标准饲养至少4个月后,所下的蛋才能颁作有机蛋。有机蛋不应沾污粪便,不对有机蛋进行常规清洗。食品质量与安全。

(4)有机食品加工技术规范

①有机食品加工过程管理。

a.原料来源。有机食品加工中的原料必须来自颁证的有机生产系统,它们在终产品中所占的比例不得少于95%,原料的质量和等级划分执行国家食品质量标准。

b.添加剂的使用。有机食品加工中允许使用发酵有机体、维生素、草本植物、调料、增稠剂、天然色素和香料、天然防腐剂、抗氧化剂、发色剂、漂白剂、酸味剂、凝固剂、甜味剂、着色剂等辅助原料和添加剂。不允许使用任何人工合成的食品添加剂和维生素。

c.辅助剂使用。在使用氢氧化钾作为番茄等食品去皮过程中的加工辅助剂时,必须保证从原材料到终产品的pH不变和加工后的废水不污染环境。

d.有机食品加工用水的水质应符合规范中规定用水标准。

e.加工过程中必须严格区分颁证、未颁证以及普通的原料,防止有机和普通原料混杂在一起。

f.来源不同的同种原料应采用相同的加工方法。如果有的有机原料在市场上无法购得,允许使用部分(不超过50%)普通的原料,所有的普通成分在出售时必须在产品包装上清楚地加以说明。

g.原料加工过程中,严禁使用辐射和石油馏出物。

h.有机食品加工单位必须取得有机食品发展中心或其授权机构同意后才能进行有机食品的加工。加工时必须严格按照国家食品卫生法的规定,使用符合卫生标准的加工工艺、方法、设备、用具等。

i.有机食品的加工车间必须经常清洗与消毒。所有消毒剂必须是无污染的天然药品。保持有机食品加工外部设施(库房、废物堆放场、老设备存放场、地面景观、停车场等)和内部设施(加工、包装场所、库房等)环境清洁。采取生态和物理措施去除苍蝇、老鼠、蟑螂和其他有害昆虫及其滋生条件。加工厂及其附属设施需远离有毒、有害场所。允许在加工设备周围使用机械、电器、外激素、气味以及黏合的捕害工具。允许使用物理栅栏、硅藻土、声和光等的器具作为驱赶害虫的设施或物质。有机食品加工厂内使用的机械设备或工具等必须用无污染的材料制造。加工有机食品的周围地区禁用汽化杀虫剂,包括在鼠类出没的地方撒药粉和粉状制剂。

j. 加工设备的布局和加工工艺流程应当合理,防止生食品与熟食品、有机原料与成品交叉污染。有机食品不得接触有毒、不洁物品。

k. 必须对加工有机食品的工作人员定期进行身体检查。不允许有传染病的人员上岗。

l. 允许使用二氧化碳和氮气作为熏蒸剂和包装填充剂。允许对有机食品进行冷冻、加热和真空处理。

m. 严格按照国家食品卫生法的要求选择有机食品包装材料,所有包装必须不受杀菌剂、防腐剂、熏蒸剂、杀虫剂等污染物的污染。所有用于包装的材料必须是食品级包装材料,包装应简便、实用,提倡使用可以回收和再利用的包装材料。在产品或外包装上的印刷油墨以及商标黏着剂都应该是无毒的,并且不能与食品接触。

②有机食品的贮运技术规范。

a. 有机食品的仓库。建设仓库时禁止使用会对有机食品产生污染或潜在污染的建筑材料与物品。仓库必须有相应的装卸、搬运等设施相配套,防止产品在装卸、搬运过程中受到损坏与污染。存放有机食品前要进行严格的清扫和灭菌,周围环境必须清洁卫生,并远离污染源。

b. 有机食品的贮藏。要定期对贮藏室用物理或机械的方法消毒,不使用会对有机食品有污染或潜在污染的化学合成物质进行消毒。管理和工作人员必须遵守卫生操作规定。所有的设备在工作和使用前均要进行灭菌。

有机食品入库前应进行必要的检查,严禁受到污染和变质以及标签、账号与货物不一致的食品入库。必须按照入库先后、生产日期、批号分别存放,禁止不同生产日期的产品混放。有机食品与普通食品要分别贮藏。有机食品贮藏期限不能超过保质期,包装上应有明确的生产、贮藏日期。在入仓堆放时,必须留出一定的墙距、柱距与顶距,不允许直接放在地面上,保证贮藏的货物之间有足够的通风。禁止不同种类有机产品混放。

c. 有机食品仓库的管理。要建立严格的仓库管理情况记录档案,详细记载进入、搬出食品的种类、数量和时间。根据不同食品贮藏要求，做好仓库温度、湿度的管理，采取通风、密封、吸潮、降温等措施，并经常检测食品温湿度、水分以及虫害发生情况。保质贮藏必须采用干燥、低温、密闭与通风、缺氧、紫外光消毒等物理或机械方法，禁止使用人工合成的化学物品以及有潜在危害的物品。保持有机食品贮藏室的环境清洁，具有防鼠、防虫、防霉的措施，严禁使用人工合成的杀虫剂。

d. 有机食品的运输。根据有机食品的类型、特性、运输季节、距离以及产品保质贮藏的要求选择不同的运输工具。用来运输有机食品的工具（包括车辆、轮船、飞机等）在装入有机食品之前必须清洗干净，必要时进行灭菌消毒，必须用无污染的材料装运有机食品。装运前必须进行食品质量检查，在食品、标签与账单三者相符合的情况下才能装运。

装运过程中所用的工具应清洁卫生，不允许含有化学物品。运输包装必须符合有机食品的包装规定，在运输包装的两端，应有明显的运输标志，内容包括：始发站（港）、到达站（港）、名称、品名、数量、重量、体积、收（发）货单位名称以及有机食品标志。不同种类的有机食品运输时必须严格分开，不允许性质相反的和互相串味的食品混装在一个车（箱）中。填写有机食品运输单据时，要做到字迹清楚、内容准确、项目齐全。

有机食品必须专车专用。尤其是长途运输的粮食、蔬菜和鱼类必须有严格的管理措施，在无专车的情况下，必须采用有密闭的包装容器。容易腐烂的食品（肉、蛋、鱼）必须用专用密封冷藏车装运。运输有机活禽畜和肉制品的车辆应分开。严禁有机食品与化肥、农药以及化学物品一起运输。

（5）有机农业转变技术规范

有机农业的转变是指农业生产单位（包括农户）把常规农业生产系统 1 次或分阶段地按照有机食品生产技术规定转变成有机农业生产系统。

①有机农业转变计划的主要内容。制定增加土壤肥力的轮作制度，建立能持续供应系统肥料和饲料的计划，制定合理的肥料管理办法以及有机食品生产配套的管理措施，创造良好的生产环境以减少病虫害的发生及制定开展生物和物理防治病虫害的措施。

②申请转变者必须首先制定将常规生产转变成有机农业的生产计划。并至少在颁证的前两年以书面形式提交国家环境保护局有机食品发展中心（OFDC）或其授权机构。

③如果申请者的土地是分阶段逐步地进行转变。其转变的期限通常不超过 1 个完整的轮作年限（畜牧场的转变时间略短）。

④各生产单位的转变必须按同一标准进行。并且在第一块转变土地被颁证后，原则上其余的土地需在5年内完成全部的转变。对于无法预料的极端情况和偶然事件，可以向OFDC或其授权机构申请，请求给予特殊处理。

⑤转变计划完成后，还需要对其生产情况进行评估。并根据新出现的情况和问题，不断对原计划进行适当的调整或者重新制定新的转变计划，新计划必须以书面形式提交OFDC或其授权机构备案，以供核查。

⑥颁证的时间。如果有机农业生产在年内已满足了所有技术要求，那么第二年的食品经有机食品发展中心或其授权机构颁证便可作为有机（天然）食品出售。如果最近3年内所用的生产技术、方法以及管理措施符合有机（天然）食品生产的技术要求，OFDC或其授权机构可根据情况将转变时间减少1年。

⑦在转换计划执行期间。OFDC或其授权机构将对生产情况进行检查，若发现土壤中有害物质的残留物没有达到规定的最低标准，将延长其转变的时间。

2.有机农产品的认证与管理

(1)有机食品申请认证程序(图6-27)

①所有从事有机食品种植、加工的农场、企业、销售部门、进出口贸易公司、个人均可自愿申请。申请者（单位或个人）向国家环境保护局有机食品发展中心（OFDC）或所在省（自治区、直辖市）的分中心咨询有关申请有机食品认证事宜。

②申请者向中心提出正式申请，并向检查认证部门索取申请表和有机认证调查表。

③申请者返回填写好的申请表并缴纳申请费。

④有机食品发展中心颁证管理部为申请者邮寄有关检查认证的全套材料。

⑤申请者反馈农场、蜂场、工厂、野生植物生产和采集、贸易基本情况调查表。

⑥有机食品发展中心颁证管理部对反馈的调查表进行初审。

⑦有机食品发展中心颁证管理通知申请者初审结果，双方签订有机食品认证检查委托协议书。

⑧申请者向有机食品发展中心缴纳检查所需费用。

⑨有机食品发展中心收到费用后，尽快选派检查员对申请者的质量管理体系、生产过程控制体系、追踪体系以及产地、生产、加工、仓储、运输、贸易等进行实地检查评估，必要时需对土壤、产品取样，交给独立实验室进行检测。

⑩检查员检查结束后，按认证中心要求编写检查报告初稿，通常情况下2～3 d内提交正式检查报告，邮寄或传真给申请者进行检查情况核实，申请者认为检查员编写的报告真实客观，签字认可后返回检查员，检查报告交有机食品发展中心颁证委员会。

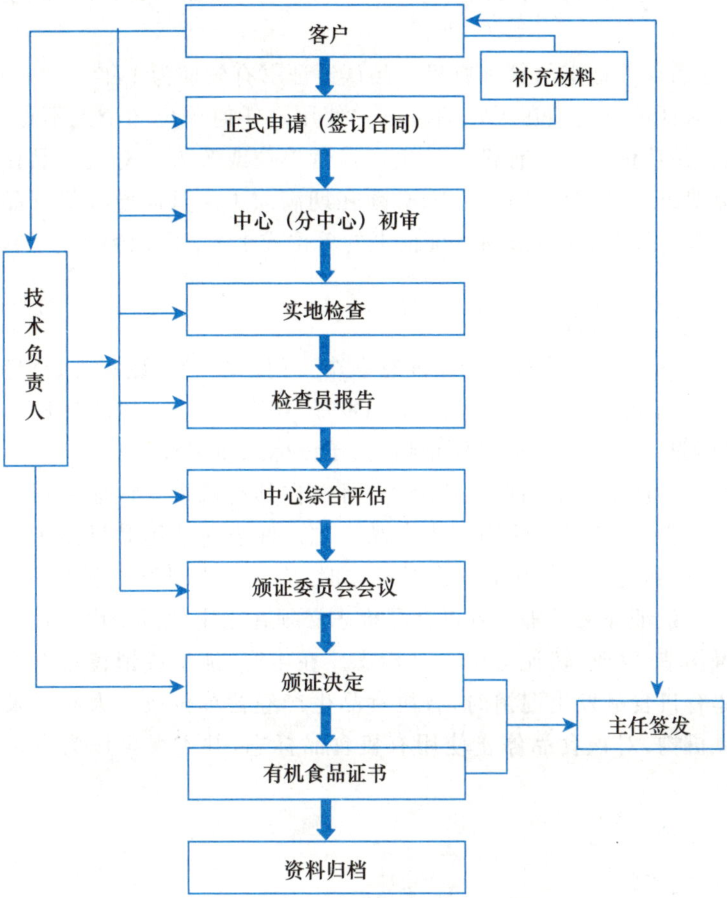

图 6-27　有机食品认证流程图

⑪颁证委员会根据检查报告和主审人的评估意见决定是否需要进行第二次检查。

⑫召开颁证委员会会议，做出是否颁证的决定。

⑬有机食品发展中心颁证管理部通知申请者颁证结果和通知缴纳颁证费用，并向申请者邮寄或传真评估表。

⑭有机食品发展中心颁证管理部打印有关证书，并向申请者颁发证书。

⑮将所有认证材料进行装订和归档。申请者在销售有机食品时需向有机食品发展中心申请有机食品销售委托书，并提交相应的证明材料和说明。

⑯按有机食品发展中心的规定通知申请者缴纳标志使用费：

有机食品发展中心颁证管理部审核申请者的申请和证明材料后，颁发有机食品的销售证。

(2)有机食品认证证书的管理有机食品认证证书有效期为1年

有机食品认证证书必须在限定的范围内使用。任何单位和个人不得伪造、涂改、转让有机食品认证证书。有机食品生产经营单位或个人在有机食品认证证书有效期满后需要继续使用认证证书的，必须在期满前1个月向原有机食品认证机构重新提出申请；过期未获得重新认证证书的单位或个人，不得继续使用有机食品认证证书。

(3)有机食品标志管理

获得OFDC有机认证的有机产品拥有一个专门的质量认证标志，已经在国家工商行政管理局商标局注册。凡符合《OFDC有机认证标准》的产品均可申请认证，经OFDC颁证委员会审核同意颁证后，授予该标志使用权。

取得有机食品认证证书的单位或个人，可以在其有机食品认证证书规定产品的标签、包装、广告、说明书上使用有机食品标志。标志在使用时只能等比例放大或缩小，不能变形和变色。使用有机食品标志时，应在标志图形的下方同时标印该产品的有机食品认证证书号码。有机食品标志必须在限定的范围内使用。任何单位和个人不得伪造、涂改、转让有机食品标志。在生产、加工或销售中有机食品受到污染或与非有机食品发生混淆时，有机食品生产经营单位或个人必须及时通报有机食品认证机构，对该食品停止使用有机食品标志，并不得再作为有机食品生产、加工或销售。

(二)资料准备

(1)图书馆或资料室

利用现有的图书馆或资料室以及报刊，查找有关有机农产品的信息资料。

(2)利用现有的电脑、网站、Wifi等网络环境条件

查找有关有机食品的标准、申请认证程序等方面的信息资料。

(3)通过网络

查找国外关于有机食品的论述和有机食品认证方面的标准与认证程序。

(4)教师准备的资料单

关于有机食品认证的相关流程图。

(5)推荐网站

中国有机食品网、中国有机农业网、中国有机食品信息网、中国有机食品交易网等。

二、项目设计与实施

如何设计和实施学习任务?

(一)项目设计

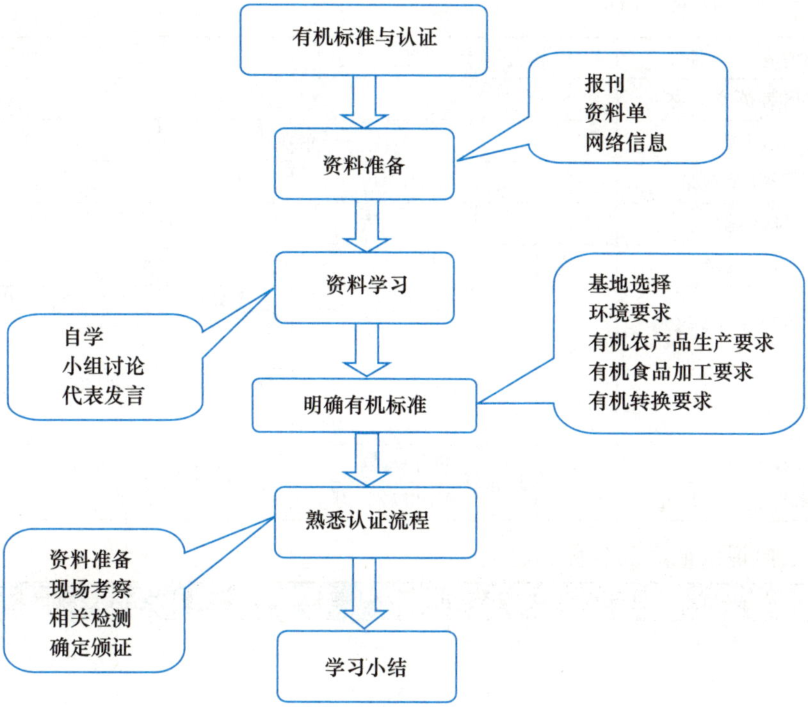

(二)项目实施

(1)安排学生课前预习有机农产品的标准与认证

(2)在教师的指导下,通过多种信息渠道查询资料

关键词有:有机农产品、标准、认证程序等。

(3)汇总查找的相关资料

(4)每人写一份学习收获

(5)小组讨论,用集体的智慧完成一份较好的学习收获体会

(6)每组选一个代表,在全班讲解小组的学习路径、学习收获,组员补充收获的内容

(7)教师组织发动全班同学讨论、评价各小组的学习情况,达到全班同学共享学习资源和收获体会,巩固所学的知识内容

三、学习拓展

如何准备有机食品认证清单？

（一）有机食品认证申请书的填写

一、申请者基本情况

申请者中文名称					
申请者英文名称					
经济类型		企业类型			
注册办公地址					
邮政编码		电　话		传　真	
电子信箱		网址			
法定代表人姓名		职　务	电话号码	手机号码	
联系人姓名		职　务	电话号码	手机号码	
注册资本		员工人数		技术人员数	
年销售收入（万元）		年出口额（万美元）			

二、申请认证产品名称、数量

	产品名称	注册商标	规模（亩/尾/头/只）	总产量（吨）	AA级绿色食品认证
1					
2					
3					
4					
5					
6					
7					
8					

注：如产品较多，请另附表格。

法定代表人：

内部检查员：　　　　　　　　　　　　　年　　月　　日

（二）COFCC有机认证文件资料清单（种植和初加工部分）

项目申请人除了应仔细填写好有机食品认证调查表（种植业部分）外，还应提供以下相应的文件材料：

第一部分　项目基本情况资料

1. 企业营业执照副本复印件

2. 土地租赁者须提供承包合同书

3. 基地负责人与农户之间的有机种植合同书(其中须包括农户姓名、地块号、地块面积、种植作物品种等内容)

4. 新开垦的土地必须出具政府的开发批复和过去三年内未使用违禁物质的情况证明

5. 通过其他认证机构认证的项目,提供证书或认证结果通知书或检查员报告

6. 如是合作项目,请提供各方签署的合作协议

第二部分　基地环境情况资料

1. 基地 5 公里范围内的行政图,标明周边工业污染源位置

2. 环保部门近三年的环境监测报告

第三部分　质量管理体系文件

1. 质量管理手册

申请企业必须建立有机食品生产质量管理体系,编制《质量管理手册》

2. 内部规程

(1)作物栽培规程

(2)收获后的各道工序规程

(3)出库规程

(4)设备维修、清洗及卫生管理规程

(5)内部检查规程

(6)客户投诉的处理

(7)教育、培训规程

(8)批号管理规程

第四部分　追踪体系文件

1. 基本情况

2. 作物栽培及田间管理记录

3. 运输、储存、加工、销售文件及记录

第五部分　其他

1. 内部监督检查记录(见 COFCC 内部监督检查报告)

2. 内部培训记录(时间、培训内容、参与人员、授课人员)

3. 客户投诉处理记录(时间、投诉方、投诉内容、解决措施)

如何评价学习成果?

四、评价反馈

(一)自我评价

1.为了完成有机农产品的学习任务,你都做了哪些准备

(1)查找了哪些资料

(2)你有哪些设想

2.运用所学的知识,挑选粮油、果树、蔬菜等你最感兴趣的一种农作物,进行有机栽培方案编写

(1)____________________

(2)____________________

(3)____________________

3.运用所学的知识,挑选粮油、果树、蔬菜等你最感兴趣的一种农作物,进行有机认证程序的编写

4.通过自学、讨论和调研,你有什么收获

(二)小组评价

从学习态度、学习方法、团队合作和学习能力的提升等方面评价。

序号	评价项目	评价情况
1	与其他同学口头交流学习内容是否流畅	
2	是否尊重他人	
3	学习态度是否积极主动	
4	是否服从教师的教学安排	
5	着装是否符合标准	
6	能否按照安全和规范的规程操作	
7	能否辨别工作环境中哪些是危险的因素	
8	是否合理规范的使用工具和仪器	
9	是否能保持学习环境的干净整洁	
10	是否遵守学习场所的规章制度	
11	是否有工作岗位的责任心	
12	是否达到全勤	
13	团队学习中主动与合作的情况如何	
14	能否主动参与教学场所的清洁和整理工作	

参与评价的同学签名____________________

(三)综合评价

1. 教师评价

(1)对整个学习内容的小结归纳

(2)对学习过程的总体评价

教师签名________________

2. 学生评价

(1)对教师授课效果的评价

(2)对学习效果的评价

学生签名________________

项目七　地理标志农产品生产

【学习目标】

完成本学习任务后，你应该能：

1. 牢记地理标志农产品的概念和标识
2. 熟悉地理标志农产品的生产加工关键技术
3. 学会地理标志农产品的标准和认证程序
4. 发现并会分析地理标志农产品生产、加工过程中的问题，提出解决的办法

【工作任务描述】

山西省农业厅在新型职业农民培养过程中，需要通过培训，让职业农民认识地理标志农产品的内涵、标志；通过现场指导，监控农产品生产全过程的安全性，按照地理标志农产品的标准生产农产品；指导农民进行地理标志农产品的认证。

【思维导图】

任务一　学习地理标志农产品的概念与标识

一、学习准备

什么是地理标志农产品的概念和标志?

(一)知识准备

1.概念

农产品地理标志　国家农业部《农产品地理标志管理办法》(2007 年 11 号令)指出:农产品地理标志是指标示农产品来源于特定地域,产品品质和相关特征主要取决于自然生态环境和历史人文因素,并以地域名称冠名的特有农产品标志。此处所称的农产品是指来源于农业的初级产品,即在农业活动中获得的植物、动物、微生物及其产品。

截至 2012 年,全国共有地理标志产品 3 148 个,其中 90%以上都属于农产品类。随着农业科学技术的不断进步,优良品种选育速度的加快,我国名优特农产品数量还在以 5%的年递增速度增长。

2.农产品地理标志的特征

地理标志作为知识产权新的分支,不仅具有知识产权的基本特点,还具有其固有特征。

(1)集体共有性

地理标志是一种集体性的专有权,它是凝结产地特有的自然条件和产地内劳动者世代相传下来的集体智慧而形成的,应当属于产地内的劳动者集体所有,不能由个别企业或者个人独占,更不能为非该地域内的生产者所有。

(2)不可转让性

地理标志表明该产品与产地的自然因素和人文因素有着紧密的、不可移植和复制的联系,这种属性决定了地理标志是绝对不可以转让的,只能由该地域内的公民、法人或者其他组织所有,或者国家所有。

(3)与土地的关联性享用

地理标志的权利是与土地相关联的,它随着土地的所有权或使用权的转移而转移。然而,土地的所有权并不一定能满足特定地理标志使用权的条件,因为地理标志的使用权除区域以外，还包括产品当地特殊的传统生产方法，即人为因素。

图 7-1 农产品地理标志

(4)永久性

地理是集体财富，它不会因为个别生产者决定不再使用而消失。与知识产权的其他保护客体相比，地理标志的保护具有永久性没有期限限制，这是因为地理标志所标示的地域是永久存在的，只要其标示的产品永久存在，并且其质量、特征始终享有盛誉，并与该地域密切相关，那么该地理标志就有永久存在的价值。

3. 农产品地理标志

《中华人民共和国农业法》第 23 条规定：“符合规定产地及生产规范要求的农产品可以依照有关法律法规的规定申请使用农产品地理标志。”为规范农产品地理标志的使用，农业部依据《中华人民共和国农业法》、《中华人民共和国农产品质量安全法》相关规定，于 2007 年 12 月 25 日发布了《农产品地理标志管理办法》(第 11 号部长令)，并自 2008 年 2 月 1 日起施行。中华人民共和国农业部的“农产品地理标志”如图 7-1 所示。农产品地理标志登记由农业部做出决定并公告，颁发《中华人民共和国农产品地理标志登记证书》(图 7-2)。

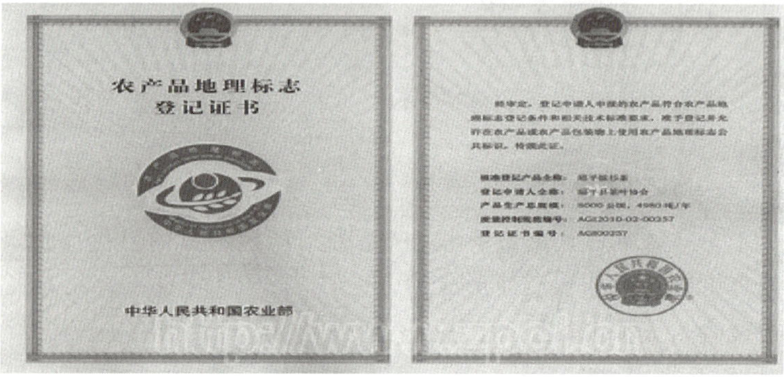

图 7-2 农产品地理标志登记证书

农产品地理标志公共标识基本图案由中华人民共和国农业部中英文字样、农产品地理标志中英文字样、麦穗、地球、日月等元素构成。麦穗代表生命与农产品，橙色寓意成熟和丰收，绿色象征农业和环保。图案整体体现了农产品地理标志与地球、人类共存的内涵。

(二)资料准备

(1)图书馆或资料室

利用现有的图书馆或资料室以及报刊,查找有关地理标志农产品的信息资料。

(2)利用现有的网络环境条件

查找有关地理标志农产品的概念、内涵、特征等方面的信息资料。

(3)通过网络

查找国外关于地理标志农产品的论述和地理标志农产品相关的生态食品和环保食品的对比,查找国内地理标志农产品的信息。

(4)教师准备的资料单

关于地理标志农产品的认识、内涵、标志的相关文章。

(5)推荐网站

中国农产品质量安全网、中国地理标志网、中华地理标志网、中国地理标志产品服务中心等。

二、项目设计与实施

如何设计和实施学习任务?

(一)项目设计

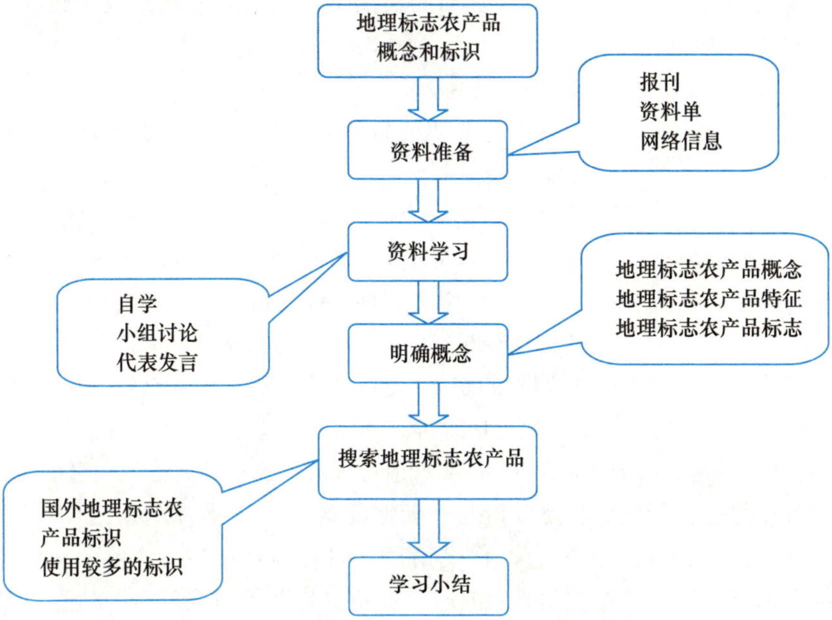

(二)项目实施

(1)安排学生课前预习地理标志农产品的概念和标志

(2)在教师的指导下,通过多种信息渠道查询资料

关键词有:地理标志农产品概念、特征、地理标志农产品标志等。

(3)汇总查找的相关资料

(4)每人写一份学习收获

(5)小组讨论

用集体的智慧完成一份较好的学习收获体会。

(6)每组选一个代表,在全班讲解小组的学习路径、学习收获,组员补充收获的内容

(7)教师组织发动全班同学讨论、评价各小组的学习情况,达到全班同学共享学习资源和收获体会,巩固所学的知识内容

三、学习拓展

国外地理标志农产品认证相关法规有哪些?

1. 法国地理标志农产品认证

法国是地理标志农产品保护最早的国家,可保护的地产资源丰富,有大量的特定产品在世界上享有盛誉,并且在长期的实践中已摸索且逐渐形成了较为完备的法律和相应机构。

(1)法国地理标志农产品的监管体系

法国对地理标志产品监管的主要职能机构是:隶属于法国农业部的国家原产地命名局(简称 INAO)和行业协会。

①国家原产地命名局(INAO)。国家原产地命名局(INAO)是法国原产地名称的核心管理机构,归属于法国农业部。该局成立于 1935 年,它的职能具体包括:全面负责所有农产品和食品原产地名称的认定和管理工作,规范法国原产地命名名称的使用;建议法国政府承认一些符合法令规定的新的原产地命名产品;监控原产地命名产品的生产条件;打击在法国和国外的走私、侵权和假冒原产地命名产品的行为;保证生产者和消费者的权益不受侵犯。1999 年 7 月 9 日颁布的《农业指导法》又赋予 INAO 认定和管理地理标志产品的职责,实行地理标志和原产地名称统一管理(图 7-3)。

②行业协会。行业协会是政府与企业之间沟通的桥梁,协助农业部门协调各方利益,监督产品质量,保护名牌,促进销售。同时,向种植者、养殖者和生产者提供技术咨询,指导生产,组织培训,制作广告,举办产品博览会等等。协会一般下设

经济、技术及市场营销等处，人员精干，以法规和合同的形式来运作管理，活动经费主要来自会员的会费，也有农业部门的少量补贴。领导人由会员选举产生，轮换担任。行业协会中设有干邑酒行业办公室和葡萄酒行业办公室。

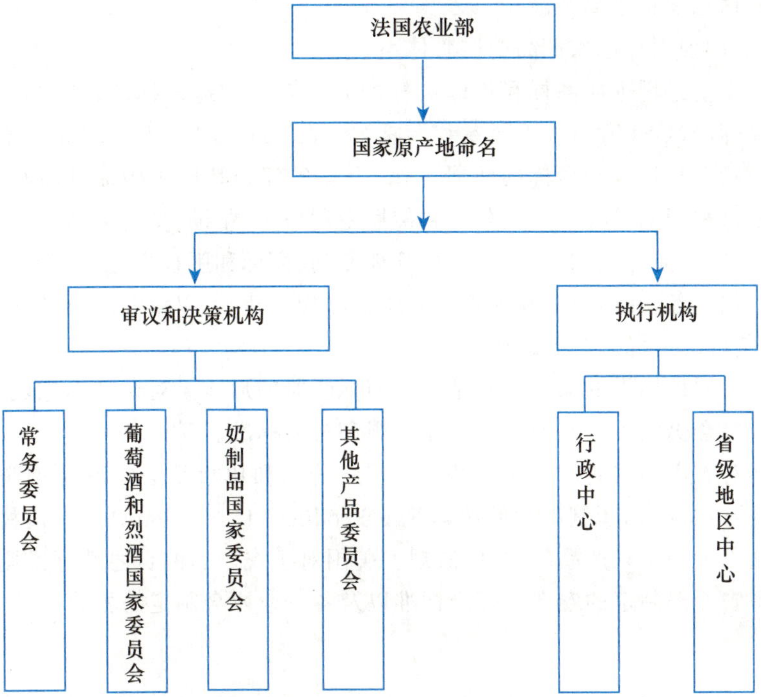

图 7-3 法国国家原产地命名局(INAO)管理框架图

(2)法国地理标志产品的标准要求

法国授予产品原产地名称必须遵循几个标准：

①原产地名称的“名称”必须为地理名称；

②使用在产品上，该地区生产该产品的历史悠久且以传统方式生产；

③可象征或表彰该产品所具有的质量或其他特性，这些质量或特性持续稳定，符合特定的检测标准；

④该质量或特性完全或主要归因于这个地理来源。

2. 欧盟地理标志农产品

欧盟的地理标志保护制度可以分为两大领域，一是对葡萄酒和烈性酒地理标志的保护，二是对酒类以外的农产品和食品地理标志的保护。

欧盟对地理标志产品的保护主要依据三大条例：关于葡萄酒的理事会条例

(EC)No 1493/1999;关于欧洲议会和理事会条例(EC)No 110/2008(替代理事会条例(EEC)No 1576/89);关于保护农产品和食品的原产地名称和地理标志的理事会条例(EC)510/2006。

3. 美国地理标志农产品

(1)美国地理标志农产品的监管体系

美国主要采用证明商标和集体商标的方法来保护地理标志,其主管机关是美国专利商标局(USPTO)。美国专利商标局(USPTO)归属于美国商务部,其职责是主要负责专利授权和商标的注册工作;为商务部和其他机构提供涉及知识产权事务的建议和帮助;通过保存、分类和传播专利信息,帮助、支持创新和国家科技发展;通过实施有关专利和商标的法律,管理专利、商标和版权事务,管理与贸易有关的知识产权事务,并向商务部部长和总统提出相关建议,以增强国家经济实力。

(2)美国地理标志产品的标准要求

美国对地理标志的保护主要是通过商标注册的形式。对地理标志农产品的标准要求应符合美国关于农产品的法律法规和相关标准。

美国对农产品的要求主要是通过《食品、药品和化妆品法》《联邦肉类检验法》《禽肉制品检验法》《蛋制品检验法》(Egg Products Inspection Act)《植物保护法》等几大法以及关于农产品的CFR法规。美国对于农产品的自愿性标准则较少,主要是美国农业部制定的农产品等级标准以及各行业协会制定的相关标准。

任务二　掌握地理标志农产品的生产与加工

一、学习准备

(一)知识准备

如何生产和加工地理标志农产品?

1. 申报地理标志农产品的条件

(1)称谓由地理区域名称和农产品通用名称构成

(2)产品有独特的品质特性或者特定的生产方式

(3)产品品质和特色主要取决于独特的自然生态环境和人文历史因素

(4)产品有限定的生产区域范围

(5)产地环境、产品质量符合国家强制性技术规范要求

2. 地理标志农产品的分类

对于地理标志农产品的产业分布，依据传统与习惯，将地理标志农产品分为粮油、果品、蔬菜、花卉、林产品、畜禽、水产品、茶叶、中药材和其他农副产品。

(1)水果类

例如，门头沟京白梨、平谷大桃、怀柔板栗、大兴西瓜、房山磨盘柿、吉林省集安山葡萄，山东东明西瓜、山东平阴玫瑰红苹果、山东福山大樱桃，山西省交城梨枣、天镇唐杏等。

(2)畜禽类

例如，内蒙古自治区鄂尔多斯细毛羊、阿尔巴斯白绒山羊、苏尼特羊肉，山东省沂源黑山羊，重庆市城口山地鸡，湖南省酃县白鹅等。

(3)水产类

例如，黑龙江省方正银鲫，江苏省兴化大青虾，山东省黄河口大闸蟹，辽宁的东港梭子蟹、东港杂色蛤、东港大黄蚬等。

(4)粮食类

例如，黑龙江省巴彦玉米，山西省灵丘荞麦，湖北省走马葛仙米，广西东兴红姑娘红薯，山东省高密毛家屋子小米等。

(5)蔬菜类

例如，宁夏回族自治区青铜峡番茄，山西省应县胡萝卜，陕西省汉中冬韭，山东省苍山辣椒、章丘大葱、金乡大蒜等。

(6)茶叶类

例如，江苏省金山翠芽，四川省屏山炒青、马边绿茶、南江大叶茶，安徽石台香芽、涌溪火青等。

(7)药材类

例如，甘肃哈达铺当归、武都红芪、宕昌党参，浙江武义铁皮石斛，江西广昌泽泻，内蒙古牛家营子北沙参、阿拉善肉苁蓉等。

(8)烟叶类

例如，福建三明翠碧一号烤烟，黑龙江亚布力晒烟，四川省凉山清甜香烤烟等。

(9)奶蛋蜂蜜糖类

例如，宁夏吴忠牛乳，四川唐家河蜂蜜，重庆白马蜂蜜，山东蒙山蜂，广西钦州海鸭蛋，山东巨淀湖鸭蛋，浙江义乌红糖等。

(10)花卉类

例如，重庆静观蜡梅，山东五莲杜鹃花，北京妙峰山玫瑰等。

(11)坚果类

例如,山东芍药山核桃、乳山大花生,陕西洛南核桃等。

3.地理标志农产品生产面临的问题

(1)地理标志农产品交叉管理现象

国家工商总局依据《商标法》以证明商标或集体商标的形式对地理标志进行保护与管理;国家质检总局依照《地理标志产品保护规定》对地理标志进行保护;农业部依照《农产品地理标志管理办法》负责农产品的地理标志的登记和审核工作,形成了"三足鼎立"的共同管理局面,在审理相关案件时,司法部门也面临着困境。

(2)品牌商誉保护意识薄弱

地理标志不仅仅是产地标志,同时是质量标准、信誉标识,是一种知识产权。但长期以来,我们对地理标志的地位和作用认识不到位,缺乏应有的保护意识。具体表现为一是长期忽略对农产品的地理标志保护而导致其被恶意抢注。二是地理标志相关主体"贪多求快"的做法导致地理标志淡化。不乏一些在原产地域范围内的企业,由于看到了地理标志的巨大市场潜力和良好的销路,浑水摸鱼,不惜"杀鸡取卵",粗制滥造,生产出来的产品因缺乏特定的生产工艺和技术诀窍而质量不稳定。使消费者对该地理标志的产品失去信任,不再选购,从而导致该地理标志的淡化。

(3) 缺乏质量跟踪管理与追溯体系

质量保证是地理标志产品保护制度的核心,农产品追溯体系是实现地理标志农产品质量全程监控的有效手段。我国地理标志农产品在追溯体系建设动机、政府监管的模式以及消费者对于农产品的支付意愿上都存在较大差异。目前发达国家基本上已经形成了比较完善有效的可追溯体系,但我国的可追溯体系建设还处于起步阶段。

(4)深加工技术含量不高

科学技术是地理标志农产品产业发展的关键。目前,我国地理标志农产品科技含量,尤其表现在深加工方面不高。基础加工的设备落后、中小企业没有研发机构、农户的专业知识水平偏低,缺乏生产要素流转市场和相应的管理机构。其次,大多数地理标志农产品还只是定位在基本的食用上,没有充分发挥地理标志的特点,深挖其潜在价值,而深加工往往可以产生更大的利润空间。

(二)资料准备

(1)图书馆或资料室

利用现有的图书馆或资料室以及报刊,查找有关地理标志农产品的信息资料。

(2)利用现有的电脑、网站、Wifi 等网络环境条件

查找有关地理标志农产品的生产、加工、监控等方面的信息资料。

(3)通过网络

查找国外关于地理标志农产品生产、加工的相关案例。

(4)教师准备的资料单

关于地理标志农产品生产、加工、监控的相关文章。

(5)推荐网站

中国农产品质量安全网、中国地理标志网、中华地理标志网、中国地理标志产品服务中心等。

二、项目设计与实施

如何设计和实施学习任务?

(一)项目设计

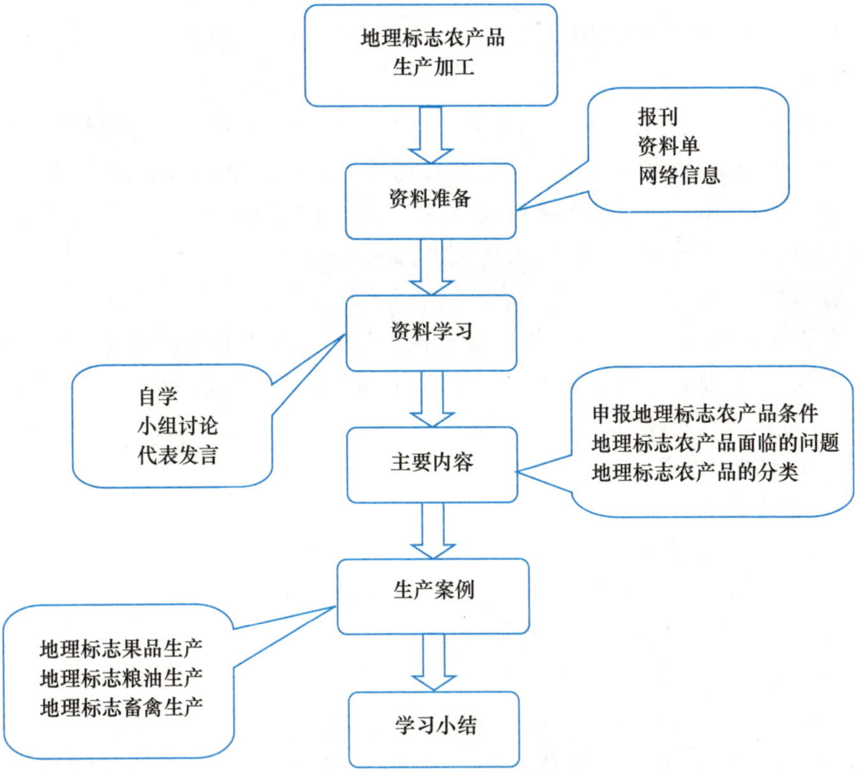

(二)项目实施

(1)安排学生课前预习地理标志农产品的生产与加工

(2)在教师的指导下,通过多种信息渠道查询资料关键词有:地理标志农产品生产、加工、监控等。

(3)汇总查找的相关资料

(4)每人写一份学习收获

(5)小组讨论,用集体的智慧完成一份较好的学习收获体会

(6)每组选一个代表,在全班讲解小组的学习路径、学习收获,组员补充收获的内容

(7)教师组织发动全班同学讨论、评价各小组的学习情况,达到全班同学共享学习资源和收获体会,巩固所学的知识内容

三、学习拓展

地理标志农产品——平谷大桃是如何生产的?

(一)平谷大桃生产关键技术

1. 产地范围选择

平谷大桃的产地范围限于国家质量监督检验检疫行政主管部门根据《地理标志产品保护规定》批准的范围。即为平谷区现辖行政区域内的平谷镇、金海湖镇、峪口镇、马昌营镇、马坊镇、东高村镇、夏各庄镇、山东庄镇、王辛庄镇、南独乐河镇、镇罗营镇、大华山镇、刘家店镇、大兴庄镇、黄松峪乡、熊耳寨乡。

2. 品种选择

平谷大桃的品种限于国家质量监督检验检疫行政主管部门根据《地理标志产品保护规定》批准的品种。即为大久保、庆丰(北京 26 号)、京艳(北京 24 号)、燕红(绿化 9 号)、八月脆(北京 33 号)、艳丰 1 号、陆王仙、华玉、大红桃、二十一世纪。

3. 地域环境要求

(1)地理环境

地处北京市东北部,燕山西麓、华北大平原北缘,三面环山。地形分为中低山区,岗台阶地区和洵、泇河洪积冲积平原,属于暖温带大陆性季风气候,海拔 11～1 188 m。平谷大桃适合生产的海拔范围 11～588 m。

(2)气候环境

气温:年平均气温为 11.5℃,5～8 月平均气温在 20℃以上。最热 7 月平均日温 26.1℃,最冷 1 月平均日温 −5.5℃。极端最高温度 40.2℃,极端最低温度 −26℃,按 80%的保证率计算,大于 0℃的积温 4 470℃,大于 10℃的积温 4 121～4 945℃,年平均无霜期 191 d,最长 205 d,最短 160 d。昼夜温差大,雨热同季。

光照:全年日照为 2 729.4 h,年平均日照百分率为 62%。太阳辐射量

559.24 kJ/m²。5月日照时数最多，为287.3 h，6月为268.9 h。

降水：年平均降水量639.5 mm。降水季节分配不均，冬季降水仅9.6 mm，占全年降水量的1.5%，一般年份从10月至翌年5月干旱缺雨，夏季最多，年平均为479.1 mm，占全年降水量的74.9%。

蒸发量：年平均蒸发量1 762.3 mm，以5月最高。蒸发量远远大于降水量是本区气候条件的主要特点。

(3)水资源

水资源丰富，地表水年径流量多年平均值为3.10亿m^3（包括入境地表水1.11亿m^3）。地下水补给量多年平均值为2.97亿m^3，地下水可开采量为每年2.2亿m^3。

(4)土壤

沙壤土和轻壤土。pH 6.0～8.0，含盐量（以NaCl计）≤0.14%，有机质含量≥0.8%。

4.土壤管理及施肥

(1)土壤管理

果园生草覆草利用果园自然杂草，待草高达30 cm时割草，割后覆在树盘内。覆膜保墒4～6月采取覆膜保墒措施。

(2)施肥技术

制作腐熟有机肥、花前肥、果实膨大肥、叶面喷钙肥。

5.水分

浇冻水11月上旬在土壤封冻前浇冻水，树畦不浇，只浇两边畦。雨季果园排涝挖排水沟，排水沥水。树下铺塑料布：下雨前铺，下雨后拢到树根下（铺塑料布时，要有一定的坡度，两行树间挖一条浅沟，利于排水）。

6.花果管理

按DB 11/ 396—2006规定执行。

7.病虫害防治

(1)落叶后至发芽前

①清园：清理树下、树上、园外、路边、市场的僵果、连同落叶、残枝、杂草埋入土中30 cm，压低根霉软腐病、褐腐病、疮痂病、炭疽病等病菌的菌源数量及一些越冬害虫。

②粉碎玉米秆、高粱秆、向日葵花盘及棉花秸、蓖麻遗株，埋入土中30 cm，消灭桃蛀螟越冬幼虫。1月，解除大枝上绑缚的诱虫布条、树干上的草把，集中销毁，抹杀枝杈枯叶下的卷叶蛾幼虫，消灭越冬害虫。

③伤口保护：对较大的剪锯口及时涂抹自制的高效廉价保护剂。有草履蚧发

生的桃园,1 月初树干缠 10 cm 胶带,阻止害虫上树。

④上年桃瘤蚜发生较重的树,在发芽前喷 99%绿颖 200 倍液,重点喷小枝条,杀灭越冬卵。有细菌性黑斑病、炭疽病发生的桃树,发芽前喷氢氧化铜 1 000 倍液,喷布要达到淋洗式程度。视树体大小,每株喷 10～15 kg 药液。(喷氢氧化铜后不能再喷石硫合剂)无细菌性黑斑病发生的桃树,发芽前细致喷 1 次 3 度石硫合剂,或氢氧化铜 1 000 倍液。

(2)发芽后至 7 月底

①对有冠腐病的树,扒晾根颈,刮病斑,涂金雷多米尔锰锌 150 倍液,秋后封堰。清除树体流胶,涂施纳宁 100 倍液。

②花露红始期,喷 10%吡虫啉 3 000 倍液加 25%灭幼脲 1 500 倍液加 20%毒死蜱 2 000 倍液,防治蚜虫、卷叶虫、潜叶蛾、扁平蚧、金龟子。

③落花 70%时,喷 2.5%扑虱蚜 2 000 倍液加 20%氰戊菊酯 2 000 倍液防治蚜虫、梨小食心虫、卷叶虫、绿盲蝽等,有红蜘蛛发生的树加入 20%螨死净 2 000 倍液,上述用药可与大生、必得利(油桃不要使用必得利)混喷。

④发芽后,挂性诱剂、糖醋液盆,启用频振式杀虫灯。结合疏花芽,掰除桃毛下瘿螨危害的花芽。剪除梨小、卷叶虫、瘤蚜被害梢,摘除桃蛀螟、梨小、卷叶虫为害果及病果,连同树下出现的病、虫残果,集中深埋 30 cm 以下。此项措施贯彻于整个生长季。

⑤套袋前防治褐腐病、炭疽病、疮痂病,用 80%大生或 80%必得利 600 倍液。

(3)8 月初至晚熟桃采前 7 d

重点防治褐腐病、根霉软腐病。

①套袋果摘袋后立即喷 1 次阿米西达 3 000 倍液;不套袋果采前 30 d 左右,喷 1 次福星 4 000 倍液;采前 7 d,喷 1 次阿米西达 3 000 倍液。

②8 月中、下旬,主干绑草把,骨干枝绑布条,诱集越冬害虫。

③10 月中旬,幼树防治浮尘子喷 20%氰戊菊酯 2 000 倍液或 4.5%高效氯氰菊酯 1 500 倍液,发生量大的 10 月下旬再喷药 1 次。10 月中、下旬,桃树主干和骨干枝涂白(水 30∶生石灰 8∶盐 1.5 混合调制),预防日烧、冻害及枝干病害。

8. 标志、采收、包装、运输和贮存

(1)标志

用于销售的平谷大桃,其包装或/和产品上应标明地理标志产品专用标志,并标明产品名称、品种、等级、包装日期、生产单位名称、注册地址、产地、净含量、执行标准号。不符合本标准的产品,其产品名称不可使用含有“平谷大桃”(包括连续或断开)的名称。

(2)采收

果实成熟度达到七成熟即可采收。

(3)包装

应符合 NY/T 586—2002 中 7.1 的规定。

①运输和贮存

采后应立即按标准规定的质量条件挑选分级,包装验收,并迅速组织调运至鲜销地或入库贮存。

待运的桃,应批次分明,堆码整齐,环境清洁,通风良好,严禁烈日暴晒、雨淋,注意防热。

贮放和装卸时应轻搬轻放,运输工具应清洁卫生。严禁与有毒、有异味等有害物品混装、混运。

长途运输的桃果应冷藏。果实入库前应进行预冷处理,预冷温度为 4℃,贮存温度为 0~3℃,贮存期为 15 d 之内。

任务三 明确地理标志农产品的标准与认证

一、学习准备

(一)知识准备

地理标志农产品的标准有哪些?如何进行认证?

1. 地理标志农产品的标准

(1)地理标志产品标准通用要求

2008 年,我国制订并发布实施了地理标志产品基础标准《GB/T 17924—2008 地理标志产品标准通用要求》,对地理标志产品的术语和定义、制定地理标志产品标准的基本原则以及通用要求等内容进行了规范。

①自然环境。应规定适宜产出具有特点品质产品的保护区域的自然环境,如独特的地理环境、气候、土壤、水质等。

②原料。应规定适制地理标志产品的动、植物品种。

应规定与产品独特品质有关的特殊原料来源,必要时应规定原料的产地、感官特性、理化指标和安全卫生指标。

③种植(养殖)技术。应规定与产品独特品质有关的种植(养殖)技术要求,如选种、栽培、田间管理、施肥与农药、采摘、原材料处理和贮存等。

④工艺。应规定产品独特加工工艺,必要时应规定关键工艺和关键设备。

应规定生产过程的安全、卫生和环保要求,并应符合国家相关法律、法规的规定。

⑤产品质量。应规定产品的感官特性、理化指标、安全卫生指标、试验方法及有关限制性条款。可规定产品特异性指标。

⑥标签。地理标志产品标签的内容除应符合国家有关规定外,还应标标注如地理标志产品名称、原料名称和产地,以及其他需要特殊标注的内容。

⑦标志。地理标志产品专用标志应符合国家质量监督检验检疫总局 2006 年 109 号的规定,使用应符合《地理标志产品保护规定》。

(2)农产品地理标志质量控制技术规范

①地域范围。本部分内容主要表述地理标志农产品所在的具体地理位置、所辖村镇、地理经纬度、海拔高度和区域边界等,做到与县级以上地方人民政府农业行政主管部门确认的范围一致。

②自然生态环境和人文历史因素。本部分内容主要表述影响登记产品品质、特色形成和保持的下列内容:

土壤地貌情况:包括土壤类型、pH、土壤肥力状况和地形地貌等典型特征。

水文情况:包括水系、水源和水质情况及影响因子。

气候情况:包括季风、温度、湿度、日照和降水等特殊气候因子。

人文历史情况:包括登记产品形成的历史、人文推动因素、独特的文化底蕴等内容。

③生产技术要求。本部分内容主要表述影响登记产品品质、特色形成和保持的特定生产方式:

产地选择与特殊内容规定。

品种选择与特定要求。

生产过程管理,包括农业投入品方面的特殊使用规定。

产品收获、屠宰、捕捞及产后处理的规定。

生产记录要求。

④产品典型品质特性特征和产品质量安全规定。本部分内容主要表述反映登记产品特有的品质特性特征和产品质量安全方面遵循的规定,主要包括:

外在感官特征:是指通过人的感官(视觉、味觉、嗅觉、触觉等)能够感知、感受到的特殊品质及风味特征。

内在品质指标:是指需要通过仪器检测的可量化的独特理化指标。

安全要求:明确登记产品市场准入所遵循的国家强制性技术规范名称、具体内容和相关法律法规规定。

⑤包装标识等相关规定。本部分内容主要包括登记产品的分级、包装、标识、贮藏、运输等内容。

(3)农产品地理标志产品品质鉴定规范

①农产品地理标志登记申请人在进行登记申请时,应当提交产品品质鉴定报告。鉴定内容包括:产品的外在感官指标特征,包括产品的形态、大小、色泽等。

②产品独特的不可量化的风味特征。产品可量化的典型显著理化指标。

③农产品地理标志产品品质鉴定报告由鉴评报告和检测报告组成。鉴定报告提交形式如下:

产品外在感官特征显著,而内在品质指标不显著的,提交鉴评报告;产品外在感官特征不显著,而内在品质指标显著的,提交检测报告。

④品外在感官特征和内在品质指标均显著的,同时提交鉴评报告和检测报告。对于外在感官特征和不可量化的内在品质指标,由申请人提请省级农产品地理标志工作机构组织专家进行鉴评,给出鉴评意见。对于可量化的理化指标,由农业部农产品质量安全中心委托的具有相应资质的检测机构出具检测报告。

⑤省级工作机构接到品质鉴定申请后,应当及时组织相关专家成立品质鉴定组,对产品外在感官指标和不可量化内在品质进行鉴评。

⑥产品品质鉴评专家评定实行专家组负责制。品质鉴定组一般由3～5名专家组成,并严格按照农产品地理标志质量控制技术规范进行鉴定,并出具《农产品地理标志产品品质鉴评报告》,报告一式三份。

⑦检测机构接到申请人委托任务后,应当按照规定要求和农产品地理标志质量控制技术规范进行抽样、检测,出具《农产品地理标志产品品质检测报告》,报告一式三份。

⑧申请人对品质鉴评报告或者检测结果有异议的,应当在15个工作日内向省级工作机构或者检测机构提出书面意见。省级工作机构或者检测机构接到申请人书面异议后,应当及时进行复查,并在规定时间内将复查结果通知申请人。

⑨逾期未提出异议的,视为认同鉴评、检测结果。

⑩品质鉴定组专家和检测机构工作人员必须遵纪守法,廉洁奉公,在负责农产品地理标志登记鉴定、检测任务过程中,不得从事有碍公正性的活动。

⑪承担农产品地理标志检测的机构由农业部农产品质量安全中心从农业部考核合格或者其他符合资质的检测机构中择优进行委托。

⑫农产品地理标志品质鉴评和检测所需费用由申请人按照国家有关标准承担。

2. 地理标志农产品的认证与管理

(1)地理标志农产品申请认证程序(图 7-4)

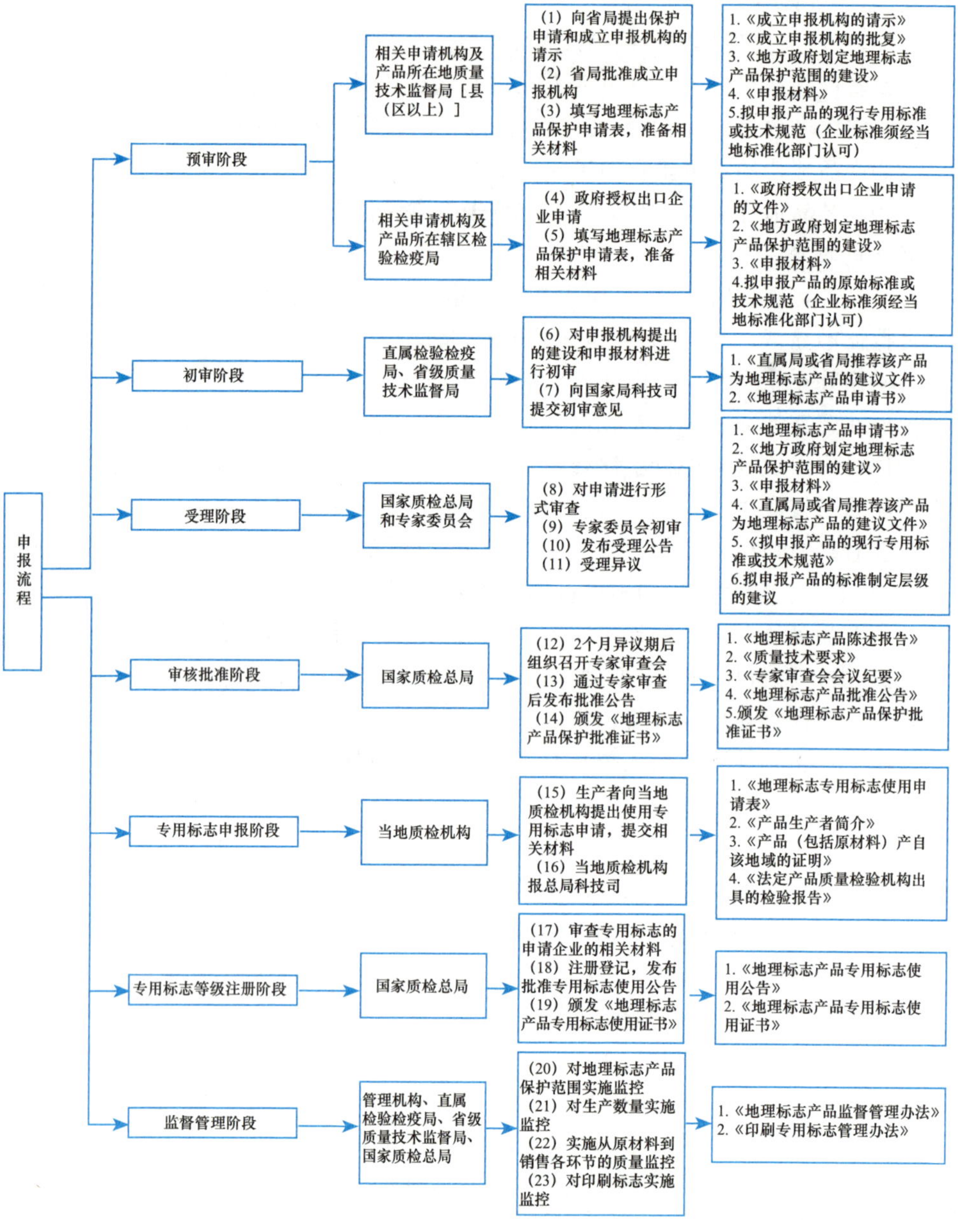

图 7-4 地理标志农产品认证流程图

①农产品地理标志登记申请人应当符合根据《中华人民共和国农产品质量安全法》、《农产品地理标志管理办法》规定的条件，由县级以上地方人民政府择优确定并出具相应的资格确认文件。

②申请登记的农产品生产区域在县域范围内的，由申请人提供县级人民政府出具的资格确认文件；跨县域的，由申请人提供地市级以上地方人民政府出具的资格确认文件。

③申请人应当根据申请登记的农产品分布情况和品质特性，科学合理地确定申请登记的农产品地域范围，包括具体的地理位置、涉及村镇和区域边界；报出具资格确认文件的地方人民政府农业行政主管部门审核，出具地域范围确定性文件。

④申请人应当根据申请登记的农产品产地环境特性和产品品质典型特征，制定相应的质量控制技术规范，包括产地环境条件、生产技术规范和质量安全技术规范。

⑤申请登记农产品的产地环境和品质鉴定工作由农业部考核合格的农产品质量安全检测机构承担。鉴定工作有特殊需要的，农业部农产品质量安全中心可以指定具有法定资质的检测机构承担。

⑥检测机构应当根据申请人的委托和农产品地理标志登记管理的相关规定进行抽样、检测和出具报告。

⑦地理标志农产品登记申请人为县级以上地方人民政府根据下列条件择优确定的农民专业合作经济组织、行业协会等组织。具有监督和管理农产品地理标志及其产品的能力；具有为地理标志农产品生产、加工、营销提供指导服务的能力；具有独立承担民事责任的能力。

⑧符合农产品地理标志登记条件的申请人，可以向省级人民政府农业行政主管部门提出登记申请，并提交下列申请材料：

a. 登记申请书；

b. 申请人资质证明；

c. 产品典型特征特性描述和相应产品品质鉴定报告；

d. 产地环境条件、生产技术规范和产品质量安全技术规范；

e. 地域范围确定性文件和生产地域分布图；

f. 产品实物样品或者样品图片；

g. 其他必要的说明性或者证明性材料。

⑨省级人民政府农业行政主管部门自受理农产品地理标志登记申请之日起，应当在45个工作日内完成申请材料的初审和现场核查，并提出初审意见。符合条件的，将申请材料和初审意见报送农业部农产品质量安全中心；不符合条件的，应当在提出初审意见之日起10个工作日内将相关意见和建议通知申请人。

⑩农业部农产品质量安全中心应当自收到申请材料和初审意见之日起 20 个工作日内，对申请材料进行审查，提出审查意见，并组织专家评审。

⑪专家评审工作由农产品地理标志登记评审委员会承担。农产品地理标志登记专家评审委员会应当独立做出评审结论，并对评审结论负责。

⑫经专家评审通过的，由农业部农产品质量安全中心代表农业部对社会公示。

⑬有关单位和个人有异议的，应当自公示截止日起 20 日内向农业部农产品质量安全中心提出。公示无异议的，由农业部做出登记决定并公告，颁发《中华人民共和国农产品地理标志登记证书》，公布登记产品相关技术规范和标准。

⑭专家评审没有通过的，由农业部做出不予登记的决定，书面通知申请人，并说明理由。

(2)农产品地理标志登记证书长期有效

有下列情形之一的，登记证书持有人应当按照规定程序提出变更申请：

登记证书持有人或者法定代表人发生变化的；

地域范围或者相应自然生态环境发生变化的。

(3)标志管理

符合下列条件的单位和个人，可以向登记证书持有人申请使用农产品地理标志：

①生产经营的农产品产自登记确定的地域范围。

②已取得登记农产品相关的生产经营资质。

③能够严格按照规定的质量技术规范组织开展生产经营活动。

④具有地理标志农产品市场开发经营能力。

⑤使用农产品地理标志，应当按照生产经营年度与登记证书持有人签订农产品地理标志使用协议，在协议中载明使用的数量、范围及相关的责任义务。

⑥农产品地理标志登记证书持有人不得向农产品地理标志使用人收取使用费。

农产品地理标志使用人享有以下权利：可以在产品及其包装上使用农产品地理标志；可以使用登记的农产品地理标志进行宣传和参加展览、展示及展销。

农产品地理标志使用人应当履行以下义务：自觉接受登记证书持有人的监督检查；保证地理标志农产品的品质和信誉；正确规范地使用农产品地理标志。

(二)资料准备

(1)图书馆或资料室

利用现有的图书馆或资料室以及报刊，查找有关地理标志农产品的信息资料。

(2)利用现有的电脑、网站、Wifi 等网络环境条件

查找有关地理标志农产品的标准、申请认证程序等方面的信息资料。

(3)通过网络

查找国外关于地理标志农产品的论述和地理标志农产品认证方面的标准与认证程序。

(4)教师准备的资料单

关于地理标志农产品认证的相关流程图。

(5)推荐网站

中国农产品质量安全网、中国地理标志网、中华地理标志网、中国地理标志产品服务中心等。

二、项目设计与实施

如何设计和实施学习任务?

(一)项目设计

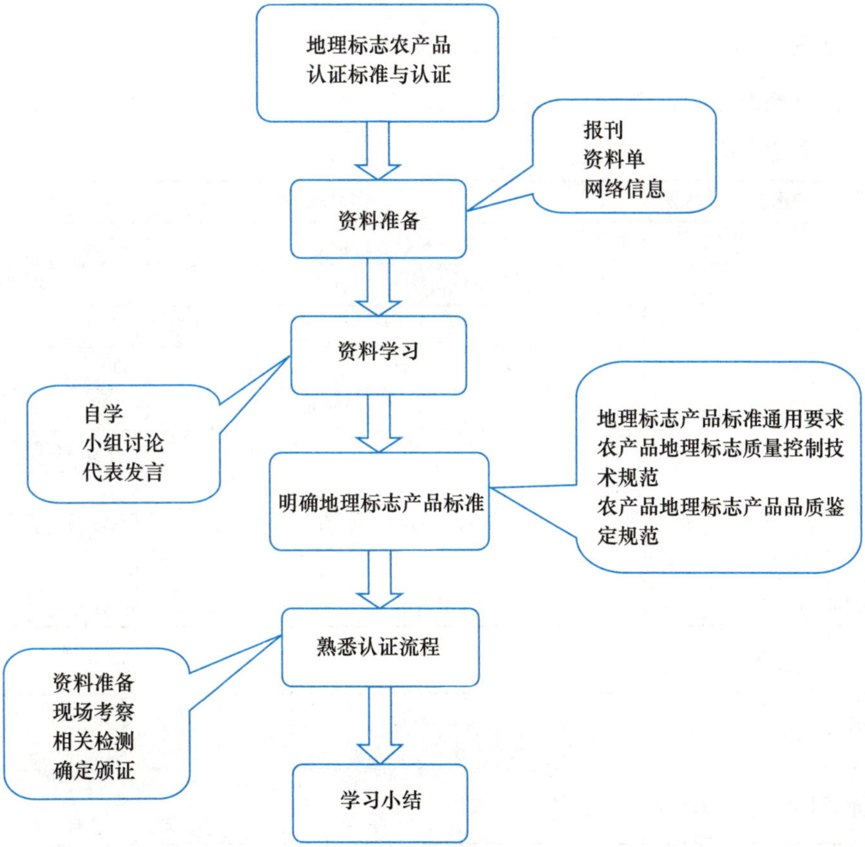

(二)项目实施

(1)安排学生课前预习地理标志农产品的标准与认证

(2)在教师的指导下,通过多种信息渠道查询资料

关键词有:地理标志农产品、标准、认证程序等。

(3)汇总查找的相关资料

(4)每人写一份学习收获

(5)小组讨论,用集体的智慧完成一份较好的学习收获体会

(6)每组选一个代表,在全班讲解小组的学习路径、学习收获,组员补充收获的内容

(7)教师组织发动全班同学讨论、评价各小组的学习情况,达到全班同学共享学习资源和收获体会,巩固所学的知识内容

三、学习拓展

如何准备地理标志农产品认证清单?

(一)地理标志农产品认证申请书的填写

1. 申请人基本情况

<table>
<tr><td>申请人名称</td><td colspan="6"></td></tr>
<tr><td>机构资质文件代码</td><td colspan="6"></td></tr>
<tr><td>申请人类型</td><td colspan="2"></td><td colspan="2">隶属关系</td><td colspan="2"></td></tr>
<tr><td>申请人地址</td><td colspan="6"></td></tr>
<tr><td>邮政编码</td><td></td><td>电　　话</td><td colspan="2"></td><td>传　　真</td><td></td></tr>
<tr><td>电子信箱</td><td colspan="2"></td><td>网址</td><td colspan="3"></td></tr>
<tr><td rowspan="2">法定代表人姓名</td><td rowspan="2"></td><td colspan="2">职　　务</td><td colspan="2">电话号码</td><td>手机号码</td></tr>
<tr><td colspan="2"></td><td colspan="2"></td><td></td></tr>
<tr><td rowspan="2">联系人姓名</td><td rowspan="2"></td><td colspan="2">职　　务</td><td colspan="2">电话号码</td><td>手机号码</td></tr>
<tr><td colspan="2"></td><td colspan="2"></td><td></td></tr>
<tr><td>注册资本</td><td></td><td>员工人数</td><td colspan="2"></td><td>技术人员数</td><td></td></tr>
</table>

2. 申请登记类型

□初次登记
□申请换证(原证书号:　　　　有效期:　　　　至

3. 申请登记的农产品地理标志基本情况

<table>
<tr><td>农产品地理标志名称</td><td colspan="2"></td><td>所属行业</td><td>种植□ 畜牧□ 渔业□
其他□</td></tr>
<tr><td>划定区域范围</td><td colspan="4"></td></tr>
<tr><td>历史形成时间</td><td colspan="2"></td><td>其他登记</td><td>无□ 工商□ 质检□</td></tr>
<tr><td>地域范围内生产经营企业数量(个)</td><td></td><td colspan="2">年总累计销售收入额(万元)</td><td></td></tr>
<tr><td>年总累计出口额(万美元)</td><td></td><td colspan="2">目标市场</td><td></td></tr>
</table>

4. 申请书附件

附件 1:申请人承诺书;
附件 2:划定地域范围内的主要生产经营企业情况统计调查表。

5. 随本申请书需提交的附报文件资料清单

1. 申请人资质证明;
2. 产品典型特征特性描述;
3. 产地环境条件、生产技术规范和产品质量安全技术标准文本;
4. 地域范围和生产地域分布图;
5. 实物样品或者样品图片;
6. 其他必要的说明性或者证明性材料。

6. 审核意见

省级工作机构初审意见	签字盖章: 年 月 日
农业部农产品质量安全中心审定意见	签字盖章: 年 月 日
登记证书编号/有效期限/登记号	
备注	

四、评价反馈

如何评价学习成果？

(一)自我评价

1. 为了完成地理标志农产品的学习任务，你都做了哪些准备

(1)查找了哪些资料

(2)你有哪些设想

2. 运用所学的知识，挑选粮油、果树、蔬菜等你最感兴趣的一种农作物，进行地理标志农产品方案编写

(1)________________

(2)________________

(3)________________

3. 运用所学的知识，挑选粮油、果树、蔬菜等你最感兴趣的一种农作物，进行地理标志农产品认证程序的编写

4. 通过自学、讨论和调研，你有什么收获

(二)小组评价

从学习态度、学习方法、团队合作和学习能力的提升等方面评价。

序号	评价项目	评价情况
1	与其他同学口头交流学习内容是否流畅	
2	是否尊重他人	
3	学习态度是否积极主动	
4	是否服从教师的教学安排	
5	着装是否符合标准	
6	能否按照安全和规范的规程操作	
7	能否辨别工作环境中哪些是危险的因素	
8	是否合理规范的使用工具和仪器	
9	是否能保持学习环境的干净整洁	
10	是否遵守学习场所的规章制度	
11	是否有工作岗位的责任心	
12	是否达到全勤	
13	团队学习中主动与合作的情况如何	
14	能否主动参与教学场所的清洁和整理工作	

参与评价的同学签名________________

(三)综合评价

1. 教师评价

(1)对整个学习内容的小结归纳

(2)对学习过程的总体评价

教师签名________________

2. 学生评价

(1)对教师授课效果的评价

(2)对学习效果的评价

学生签名________________

参考文献

[1] 徐玉红，王群生. 农产品质量安全读本. 北京：中国农业科学技术出版社，2014.

[2] 农业部农产品质量安全监管局. 农业部食品药品监管总局关于加强食用农产品质量安全监督管理工作的意见. 北京：农业部食品药品监管总局，2014.

[3] 浙江省农业教育培训中心. 农产品质量安全概论. 北京：中国农业科学技术出版社，2014.

[4] 国家标准化管理委员会. 现代农业标准化. 北京：中国质检出版社，中国标准出版社，2013.

[5] 张伟，陈伟. 食品标准与法规. 北京：中国农业出版社，2012.

[6] 法律出版社法规中心. 农产品质量安全法案例解读本. 北京：法律出版社，2010.

[7] 赵卫利，郝晓蔚，刘冠群. 国外农产品质量安全监督检测的特点及启示[J]. 世界农业，2010(7)：1-4.

[8] 刘卫. 农产品质量安全法农村适用问答手册. 北京：经济科学出版社，2009.

[9] 聂国财. 食品安全法律政策解答与典型案例. 北京：中国法制出版社，2009.

[10] 赵晨霞. 农产品质量安全检测. 北京：中国农业出版社，2008.

[11] 赵晨霞. 安全食品标准与认证. 北京：环境科学出版社，2006.

[12] 魏启文. 崔野韩，杨明升. 国内外农产品质量安全标准的比较研究[J]. 标准化研究，2006(1)：8-11.

[13] 罗斌. 国内外农产品质量安全标准检测论证体系. 北京：中国农业出版社，2006.

[14] 赵晨霞. 绿色食品生产与检测技术. 北京：中国农业出版社，2005.

[15] 徐建堂. 山东省农产品质量安全监控体系研究. 中国农业大学硕士学位论文，2005.

[16] 中国农产品质量安全网. http://www.aqsc.gov.cn

[17] 国家食品质量安全网. http://www.nfqs.com.cn

[18] 中国质量认证中心. http://www.cqc.com.cn